FOOTBALL VISCERAL TRAINING

フットボールヴィセラルトレーニング

無意識下でのプレーを覚醒させる先鋭理論

［導入編］

著　ヘルマン・カスターニョス

監修　進藤正幸

訳　結城康平

KANZEN

CONTENTS

第4章 パラダイムチェンジ

本書に登場する主な脳の各部位名称

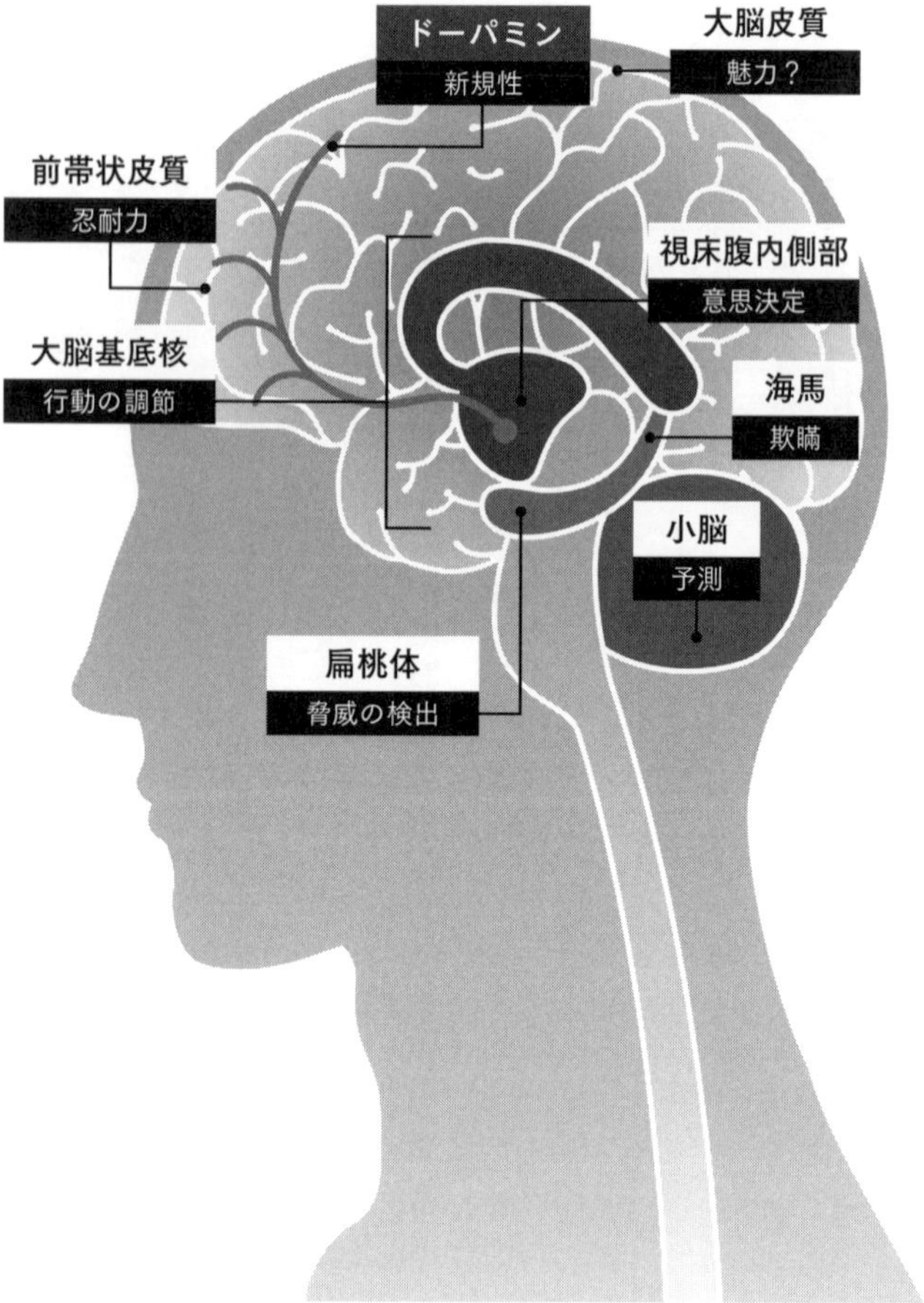

監修者まえがき

現代のサッカーはフィジカル面の急激なレベルアップにより、身体的なスピードは極限のレベルまでに到達している。残されているのは判断スピード、プレー実行スピードの開発である。『フットボールヴィセラルトレーニング』では神経科学の知識を用い、「脳のスピード」を上げるために何が必要かが語られている。

２０２２年のカタール・ワールドカップはアルゼンチン代表の3度目の優勝で幕を閉じた。決勝戦でのアルゼンチンの2点目はまさしく判断スピード、プレー実行スピードがチームとして結実したものであろう。自陣深めの位置にいたナウエル・モリーナからアレクシス・マクアリステル、マクアリステルからリオネル・メッシ、メッシがワンタッチでフリアン・アルバレス、アルバレスから再びマクアリステル、そして得点を決めたアンヘル・ディ・マリアへという過程はわずか10秒だった。本書にも書かれているように、ストリートサッカー、つまり無意識下でのプレーの大切さが見直されるべきだと教えられる。

「ペレは4秒、マラドーナは2秒、メッシは1秒」。今後、判断、プレーできる時間がますます削られていく選手たちにとって、脳、神経科学を基としたトレーニングが必要になってきた。私は２０２２年の末に、元ドイツ代表トレーニングコーチで「Brain Activity」の創始者エフィ氏、前ウルヴァーハンプトン・ワンダラーズパフォーマンスコーチのフリオ氏、23年に徳島大学名誉教授でコオーディネーショントレーニング研究の第一人者である荒木秀夫氏の3人とお会いする機会を得たが、3人いずれも異口同音に脳、神経の重要性を説かれていた。

まだ日本ではこの分野に踏み込んだトレーニングは一般的に行なわれていないのが現状で、世界を追い越すためには避けては通れないことだと感じる。本書は脳、神経の専門的な用語、理論など難解な箇所も多いが、これを機会に知識を深めていただきたい。また、本書の特徴として、現代サッカーのオピニオンリーダー、ペップ・グアルディオラ、ユリアン・ナーゲルスマン、トーマス・トゥヘル、マルセロ・ビエルサをはじめ、他競技の指導者、音楽家、宗教家、心理学者など多岐にわたる分野の人々の言葉が使われており、理解を深める手助けになるのではないかと思う。

2023年3月に開催されたWBC（ワールドベースボールクラシック）において侍ジャパンは見事に決勝で前回優勝国であるアメリカを破り、3度目の優勝を飾った。本書に書かれていることとリンクする印象に残ったシーンが2つある。

1つ目は、準々決勝イタリア戦3回の攻撃での大谷翔平選手のプレーだ。スーパースターの大谷選手があえて長打を狙わず、チームのためにプライドを捨て、自己判断でセーフティーバントをし出塁した場面である。極端な守備シフトの裏をかく、状況を咄嗟に判断して実行したプレーであった。

2つ目は、岡本和真選手のプレーだ。彼とは3年前にオフの自主トレーニングで出会った縁でいろいろな話をさせてもらっているが、その中で「小学生以来、野球を楽しんだことがない」と聞いたことがある。私は少年時代からその才能に周囲から大きな期待がかかり、重荷となっているのかと思っていた。ただ、今回の優勝報告会での記者会見で、「野球ってこんなに楽しかったんだなと思いました」と答えていた姿を見て、少年時代のように純粋に野球のプレーに集中できた状態をつくれた環境が、決勝戦でのホームランにつながったのではないかと思う。

この2つの事例はまさしく本書に書かれている環境、状況に、脳、神経が適応した結果であろう。サッカーも将来、日本代表の選手たちがワールドカップの優勝報告会で、「楽しみながらプレーできた」「サッカーは楽しい」と話す姿を見てみたい。そのためにも、指導者自らが多くのことを学び、感じ、実践し、選手たちの成長をサポートしなければならない。本書が少しでもその役に立てたら幸いである。

進藤正幸

第1章

序論

FOOTBALL VISCERAL TRAINING

非常に挑戦的なサッカー選手の脳内を解明するという命題

「私にとって、脳がどのように学び、記憶し、問題を解決するために機能しているのかを知るのは重要なことだ」

——フリオ・ベラスコ（バレーボール・アルゼンチン代表監督）

「私は選手に仕えることを望んでおり、それは私に仕えてくれということではない。選手はなかなか理解してくれないが、あくまで私はアドバイザーであり、刺激を与える存在でしかない。私は彼らのために考えているふりをすることはないが、一方で彼らが考えることを手助けする方法を常に探している。私が今から述べることは、我々が人間として抱えている大きな問題であるエゴやうぬぼれよりも簡単なものだ。選手だけでなく周囲の指導者との間ですら、我々は愛着関係を形成していく必要がある。それによって、我々は世界とサッカーの中心であることを実感し、そこで起こった良いことは自分たちのおかげだと考えられるのだ。そして悪いことが起こったときも、同じく内部に原因があると考えるよ

うになる。つまり、そういうことなのだ。もし私がトレーニングで指揮者になろうとすれば、それはおそらく最も簡単だ。そして、その真逆こそが一番難しい。選手たちは人間であり、本質的に空になった存在だ。だからこそ彼らは、指揮されて機械的に教えられることを望んでいる。今、私は指揮されたい選手によって囲まれてはいない。そして、私はただ指示を待つだけの選手に囲まれたくはないと考えている。私は選手たちとともに進み、彼らの刺激になることを望んでいる。ジャン・ピアジェ（スイスの心理学者）**は『子どもたちは何かを詰めなければならない瓶ではなく、燃やさなければならない炎である』と表現した。そして私も、選手の中にある炎を燃やさなければならないと考えている。単に誰かの瓶をいっぱいにするように、指導者というものは教えてはいけないのだ。我々は選手たちと一緒に、学んでいかなければならない。選手は頻繁に『私たちはあなたと一緒にいることで、たくさんのことを教えてもらえる』と言う。しかし、それは正しくない。選手たちは教えられず、ただ学ぶのだ」**

――フアン・マヌエル・リージョ（アル＝サッド監督）

もし、我々が選手たちの脳がどのように機能しているのかを理解できないとすれば、どのように脳のパフォーマンスを最大化できるだろうか？　さらに難しいことに、我々に求められるのは「チームに所属する選手たち」の「それぞれの脳」をレベルアップさせることだ。

パコ・セイルーロはバルセロナでメソッド責任者を務め、フィジカルトレーナーとしても十分な経験がある人物だが、彼の興味深い発言は私がハンドボールの指導者時代に考えていたアイデアをさらに発展させることを可能にした。

「我々は、過去に誰もやったことがないことに挑戦しなければならない。我々は今まで誰も試みたことがない角度から試合を観察しなければならないのだ。そして、それが何を与えてくれるのかを知る必要がある。それこそが、我々の責務なのだ」

実現できているのかというのは大きな問題ではなく、挑戦しようとしているか。これが、私にとっては肝要だ。何かを発見し、それをシェアしようというアプローチは個人的に喜ばしいものだ。最終的に、サッカー選手の脳内を解明する命題は非常に挑戦的だ。だからこそ、我々は推論をベースに科学的な回答を待って解明していかなければならない。

テニスコーチのトニ・ナダルは、甥であるラファエル・ナダルのトレーニングについて次のように語っている。この発言は、私にとって「ヴィセラルトレーニング」の根幹をなす考えの1つだ。

「私は、彼が困難に打ち克てるようにトレーニングしてきた。ただ、それは悪いコンディションのコートを用意するような方法ではなく、例えばトレーニングの時間を急に延長したり、ラファエルが水を持ってくるのを忘れたときには水分補強をさせずに続けたりという方法だ。そういった手法を使った目的は、彼に圧倒的な耐性をつけさせるということ

だった。精神的な強さは、2つのことで育まれる。1つが緊急事態で、1つが注意力だ。最終的に、緊急事態を経験することで選手にとって最大限の力を発揮することは難しいことではなくなる。それは選手にとって、日常的なものになる」

ヴィセラルトレーニングは効果を最大化するゆえ非伝統的な観点となる

現実のサッカー選手（もしくはチームスポーツをプレーする選手）の教育は、彼らに考えさせることを目的にしている。一方で洗脳の目的は、従順であることを強制することだ。つまり私たちが魚を渡しているのか、それとも魚の釣り方を教えているのかというところだろう。ヴィセラルトレーニングは、完璧なトレーニングマニュアルではない。ただし、この手法はトレーニングの効果を最大化するために非伝統的な観点を提供するはずだ。それは経験と科学の架け橋となっていく。アメリカの物理学者リチャード・ファインマンの言葉を、指導者向けに修正してみよう。

「問題は、指導者の教育不足ではない。本当の問題は、指導者がこれまで自分たちが教えられてきたことを信じるだけで、それを疑うほどに教育されていないことなのだ」

本書はたくさんの誤りを含んでいる。なぜなら、このトレーニング手法が完成品ではないからだ。一方で、私はこのトレーニング手法がサッカーのトレーニングにとって改善の引き金になることを望んでいる。理論を統合するために必要なのは、簡単なタスク（課題）ではなく、失敗が避けられないプロセス（過程）だ。

そのような努力は指導者と神経科学者によって今後も続けられなければならず、完結することはない。しかし、個人的には多くのアイデアが補強されることを望んでいる。ヴィセラルトレーニングはすべての問いに答えられるものではなく、答えられることを装うこともない。また、絶対的な確証も存在しない。法学と政治学を専門とするルイス・フェルナンド・マリン・アルディラ教授は、以下のようにコメントしている。

「科学の確実性によって守られることは安心感があるが、それは理性的ではない。困難にあったときには心を落ち着かせられるかもしれないが、一方で現実逃避的な習慣へと我々を導いてしまうかもしれない。複雑性や非確実性、不確定性を拒否しようという習性は実際のところ、いつも我々とともにあるのだ。確実性はあくまで確率の削減でしかなく、決定論的な科学は多次元的な現実と一定な変化に対応することが難しい」

本書は出版までに数十年を要した。１９９０年代の半ばに「無意識的な認知」に注目した私は、このプロジェクトをそこまで深く考えずにスタートさせた。最初に書籍を出版したとき、指導者としての経験こそが著者としての思考となった。それが神経科学の研究に携わったことで、それらが指導者や著者としての経験と融合していったのだ。これらのトピックは、スポーツトレーニングの分野でも注目を集めている。

近年、「賢い選手」を育てることが重要視されている。ヴィセラルトレーニングは私が知る中では「無意識をトレーニングすることで、瞬間的な認知を可能にし、プレーの実行スピードを加速させ、神経科学を実用的に使う」上で最もシンプルで、実用的かつ経済的な方法だ。これを体系化するために、詩やビジネス、音楽や広告、ダンスや自動車の運転、それに加えてもう少しシンプルなスポーツ（卓球、自転車、格闘技など）の日常的な経験をベースに説明していこう。

第2章

拡張されるトレーニング

FOOTBALL VISCERAL TRAINING

1 拡張されるトレーニング

「サッカーの試合を変革する次のカギは、神経科学だ。なぜなのだろう？　なぜなら、身体的なスピードは極限のレベルに到達しているからだ。次に重要になるのは判断スピード、実行スピードであり、そこには神経科学の知識が必要になる。過去10年間、選手のフィジカル面は急激にレベルアップした。結果的に、選手たちは短距離走の選手と変わらずに走れるようになった。次に学ぶべきステップは、脳のスピードなのだ」

――アーセン・ヴェンゲル（元アーセナル監督）

「身体能力には限界があるが、試合の理解には限界がない」

――パコ・セイルーロ（元バルセロナフィジカルトレーナー）

彼らのコメントは、次のコメントとも関係している。認知的な観点からのトレーニングは、フィジカルトレーニングよりも遅れているのだ。

「スポーツにおけるフィジカル的な要求レベルが高まることで、多くの選手はフィジカル面でレベルアップしている。結果的に選手たちのフィジカルレベルは限界に近づいており、フィジカルの差で彼らを評価することは難しくなっている。今、さらに選手たちを評価するには、試合における賢さと判断スピードに注目しなければならない」

*Ashford et al.（2021）

言い換えれば、研究者たちはヴェンゲルとまったく同じ結論に達している。科学的に実験を繰り返す研究者と、実務的にチームを指導する監督が合意しているのだ。サッカーの世界において、長い距離を走ることは試合への理解が足りないことを意味することもある。思考せずに走るべきではなく、試合を理解しなければならない。

エベレストの登頂に成功したとしたら富士山に登ることは難しくない

「サッカーは試合であり、どんな試合も勝つにはその仕組みを理解しなければならない。もし理解していなければ、その試合をプレーするのは難しくなる。難題は、正しく決断することなのだ。もし決断が正しければ、あとはプレーを実行する精度を上げていくだけでいい。もし決断が間違っているのであれば、実行する精度を上げても意味がない。決断を

誤ったとすれば、それはつまりベストな選択肢を理解していなかったということだ」

――ハビエル・マスチェラーノ（元アルゼンチン代表DF、U―20アルゼンチン代表監督）

マスチェラーノだけでなく、ルイス・エンリケも判断の失敗と実行の失敗を区別している。EURO2020でGKウナイ・シモンがミスをしてしまったとき、彼は明確にその差を説明しながらシモンをかばっていた。

サッカーの世界において、フィジカル的な知識が現代のレベルまで専門化するには時間を必要とした。12キロメートルの距離を走るだけなら珍しくないかもしれないが、実際の試合で求められるフィジカル的な要求は複雑だからだ。それは脳においても同じで、実際の試合中にゆっくりと思考することが許されていないことを考えると、思考のスピードも重要になってくる。つまり、大脳皮質の下にある神経中枢について考えなければならず、選手たちのトレーニングについても考え直さなければならない。今、我々は12キロメートルの長距離走をトレーニングするのと同じように脳を鍛えてしまっているのだ。

もし私たちがエベレストの登頂に成功したとしたら、富士山に登ることは難しくないと感じるはずだ。もしかしたら、道中の景色を楽しむ余裕すらあるかもしれない。これはサッカーでも同じだ。トレーニングを難しくすることで試合が簡単なものになるのだ。

「トレーニングの複雑性を高めることで、試合を回復の時間として使うことも可能になる。

なぜなら、たくさんのことがトレーニングより簡単だからだ」

――ヴォルフガンク・シェルホルン（ドイツ・マインツ大学教授）

「この矛盾しているような事実を補強する研究は多いが、多くの選択肢を与えられることが、正しい決断を妨害する場合がある」

*Chernev et al.（2015）

例えばトレーニング中に多くの選択肢を与えられることで、選手たちの判断は難しくなる。しかし、選手たちはトレーニングに慣れることで実際の試合では正しい判断をしやすくなるかもしれない。選択肢が少なければ正しいものを選びやすいが、多くの選択肢を精査することを経験することで、難しい局面でも正しい決断をする能力が鍛えられる。

2 拡張される専門性

「トレーニングの内容はそこまで重要ではない。重要なのは、どのようにトレーニングするかだ」

――トーマス・トゥヘル（バイエルン・ミュンヘン監督）

アリゴ・サッキが黄金期を築いたミランにおいて「守備陣を数的不利の状態でトレーニング」させていたのはなぜなのだろうか？

プロボクサーのフロイド・メイウェザーはなぜ、3分間12ラウンドの試合に挑むのに「5分15ラウンドで、対戦するボクサーを変更しながらトレーニング」していたのだろうか？

フィジカル面でも、負荷を高めてから軽減することは有用だ。スプリント中の怪我を防止する一番の手段は、科学的にも証明されているように「試合よりも負荷を高めてスプリントすること」なのだ。怪我の防止が注目される今、スプリントトレーニングはハムストリングに高負荷を与えられる唯一のトレーニングとされている。2015―16シーズンのレスター・シティはプレミアリーグを制覇したが、彼らもスプリントトレーニングを導入していた。

単なる専門的なトレーニングではなく、専門性を向上させなければならない。トレーニングの負荷を考えるとき、負荷のベースとなるのが量や強度、密度だ。加えて試合のスケジュールが過密化していることを考えれば、負荷を高めるには繊細なケアが求められる。しかし一方で、パフォーマンスを向上させるには限界のレベルを押し上げなければならない。すべての要素が密接に関連しており、それはヴィセラルトレーニングにおける基本的な前提となる。

選手たちが解決策を探さなければならないトレーニングの構築

私がフィジカルよりも認知的な面について注目していることを考えれば、筋肉の限界よりも神経科学的な限界に興味があることは当然の流れだろう。もし守備能力を向上したければ、サッキのように実際の試合よりも負荷を高めるべきだ。ボクシングの試合で勝ちたければ、メイウェザーのようにトレーニングの負荷を高めればいい。スプリントの怪我を少なくしたければ、科学的に証明されているようにスプリントトレーニングを増やしていく必要がある。

それでは、判断スピードと実行スピードを向上させるには？　ヴィセラルトレーニングが提示するように、選手たちが解決策を探さなければならないトレーニングを構築するべきだ。そして、「考える」のではなく「決断」されなければならない。

現役時代はエストゥディアンテスなどで活躍したアルゼンチン人ストライカー、ウーゴ・ゴッタルディは「ペナルティエリアでは考える余裕などなく、ただスペースに走るだけだ」とコメントした。彼の思考をベースに、ピッチ全体にまで話を広げていこう。

3 ヴェーバー・フェヒナーの法則とヴィセラルトレーニング

ドイツの精神物理学者として知られるグスタフ・フェヒナーは、感覚の法則を提唱した。これは刺激の強度と、人々の感覚を数学的に法則化したものだ。いわゆる「ヴェーバー・フェヒナーの法則」は、「感覚の大きさは、受ける刺激の強さの対数に比例する」と述べている。言い換えれば、感覚的に変化を認識するには、刺激の増幅が必要であるということだ。これは、実例で理解するのがわかりやすい。

1000グラムの重りを手に乗せているとき、私たちは1010グラムに増えても気づかないだろう。しかし、100グラムの重りを手に乗せた場合、110グラムに増えたら私たちはおそらく気づくのではないだろうか。つまり、同じ重さ（10グラム）の変化であっても、元の重さが重いほどその差は知覚しにくくなることを示している。結果として、刺激量の対数がカギとなっていることは明らかだろう。要するに、1000グラムからの判別には、100グラムの増加が必要となるのだ。

2つの蝋燭が部屋で光っているとき、明るさの差は明白だ。しかし50個の蝋燭があったとき、その差を判別するのは難しくなるだろう。刺激の量が少なければ、小さな変化が認識可能になる。これはグレゴリー・ベイトソン（アメリカの人類学者で、著書『精神の生態学（邦題）』でも知られる）が述べたように「違いを生む違い」だ。

ヴィセラルトレーニングはこのヴェーバー・フェヒナーの法則をベースとしており、認知的な飽和状態をつくることによって選手の認知能力を向上させることを基礎としている。それによって、トレーニングで経験した情報よりも簡単な情報を認知しやすくなる。ヴィセラルトレーニングは3つの蝋燭を比べさせるのではなく、51個の蝋燭を比べさせることを目指していく。

4 ヴィセラルトレーニングにおけるマルチタスク

マルチタスク（複数の作業を同時並行し、短期間で切り替えながら同時進行で行う能力）は認知的な許容量に負荷が与えられることで、パフォーマンスを低下させる。さまざまな情報を与えられることで、脳は過負荷となるからだ。それでは、どのようなトレーニングが必要になるのだろうか？　その回答は、シンプルなものだ。

1 ヴィセラルトレーニングの仮説だと、同じトレーニングを続けることはパフォーマンスの低下を招く。しかし、マルチタスクが日常的になればパフォーマンスは向上する。認知的な領域においては、神経可塑性の増加が超回復と同じように発生する

2 マルチタスクによって、タスクの優先度に応じてリソース（資源）を柔軟に割り当てなければならなくなる。すべてのことに対応することが難しいからこそ、賢く判断する必要がある

3 ヴィセラルトレーニングの世界は、ジェットコースターに乗っているように複数の刺激

を一定で与え続ける

❹複数の刺激は、場合によってはそれぞれが矛盾してくることもある。これによって認知的葛藤が生じ、その状況下で判断スピードを落とさないことが求められることで効果的なトレーニングとなる

5 3本の柱（専門性・移行・モチベーション）

ヴィセラルトレーニングの理論的な骨組みをつくっていく上で、私が気にしていたポイントは下記の3つだ。

①トレーニングの専門性
②トレーニングをどの程度、実際の試合に移行することが可能か
③トレーニングにおけるモチベーションのレベル

この3つの懸念は、それぞれが関連している。1つが成功していれば、ほかのポイントも成功していることが多い。サッカー選手は、専門性を求められている。ひと昔前まで、サッカーのフィジカルコーチはまったく違ったトレーニング手法を使っていた。彼らはボールを使うことが少なく、単純に走らせることが多かったので、選手がネガティブなイメージを抱くことも多かった。

現在であっても、その専門性については議論の余地がある。2020―21シーズンにフランス・

リーグアンを制したリールのフィジカルコーチとして知られるペドロ・ゴメスは、「フランスにおいて、フィジカル面での準備は他国よりもアナリティック（分析的、断片的）だ。一方で私たちは実際の試合における状況を、ボールを使いながら再現している」とコメントしている。

認知的なトレーニングはコンピュータなどのテクノロジーを駆使し、選手たちに新鮮なモチベーションを与えようとする。しかし、どのくらいモチベーションを維持させられるのだろうか？ 例えばディエゴ・マラドーナは、当時のフィジカルトレーナーだったフェルナンド・シニョリーニが推奨したクーパーテスト（有酸素運動における最大酸素摂取量を予測するための体力テストとして考案された科学的なテスト方法）を無意味だと告げた。それと同じように選手が、独立した神経科学のトレーニングを無意味だと感じる日も近いのかもしれない。

6 時間軸における緊急性

「時速200キロメートルで走行するパイロットが、時速100キロメートルのスピードでトレーニングすることはない」

——アリゴ・サッキ（元イタリア代表・元ミラン監督）

この問題を、元アルゼンチン代表のFWホルヘ・バルダーノは端的にまとめている。

「ペレは解決に4秒を必要とした。マラドーナは2秒であり、メッシは1秒以下で解決する」

それでは、リオネル・メッシ以降の選手はどのくらいの時間を使えるのだろうか？　数年前の学会で私は、バルダーノの主張を補強する研究を知った。おそらくサッカーを観戦している方であれば、400ページの論文を読まなくても感覚的に知っているはずだ。今や1秒に満たないレベルで、正確な判断が求められるようになっている。不可能な理想ではあるが、メッシを育ててマラドーナの時代にプレーさせられれば最高だろう。ただ、実際に指導者は近未来に活躍する選手を育てていかなければならない。スペイン代表の監督を務めたビセンテ・デル・ボスケは選手のテクニックが過去と比べてレベルアップしているかをインタビューで問われ、次のように答えている。

「大きな差があるようには思えないが、現代サッカーではすべてがスピードアップしている」

エスパニョールの前監督ディエゴ・マルティネスも、次のように述べている。

「もし現在のようにスペースが狭くなり、時間が失われていくサッカーが続けば、長期的には技術的な発展があるはずだ。なぜなら選手たちには狭いスペースで、高速化したプレーが求められるのだから」

サッカーの高速化は進んでおり、今後もそれは続いていくだろう。神経科学はサッカーにも導入されているが、まだまだ発展途上の領域でしかない。特にサッカーに特化した領域の神経科学は、まだ一歩を踏み出したところにすぎない。高速化は、我々から時間を奪う。その結果として、選手たちは「決めるべき時間」を失いつつある。また、スピードは意識する時間も奪っていく。例えば4秒あれば、意識する時間はあるだろう。しかし1秒以下での判断を求められたとき、そこには無意識的な脳の反応しかない。無意識的な反応をコントロールし切れなければ、結果として良いプレーをすることは難しい。選手を意識から解放することは簡単ではなく、無意識的な反応を鍛えることも究極の難題だ。無意識のトレーニングを構築するには、まず「無意識とは何か？」を理解しなければならない。

無意識的に私たちはより多くのものを学んでいる

「それらは初期選択のメカニズムであり、感情的に興味深く有用だと考えられた情報を次のプロセスへと移行させる」

*Memmert（2017）

数百年の間、人間は自分たちをどのように知覚していたのだろうか。認知は、決断―行動というプロセスに意識を加えたものだ。例えば熱いものに触れたときに逃げるような原始的な反応を含めなければ、一般的に注目されるのは決断してからどのように行動するかという部分だろう。そのように考えると、自己認知に基づいて我々はさまざまな学習方法を確立していく。その際のプロセスに欠かせないのは、意識だ。ここで、Aという文字を学ばなければならないと仮定してみよう。では、どのように行動的な学習を除外した状態でAという文字の書き方を学ばせればいいのだろうか？　さらに、その先に彼らはAという文字を使って文章を書かなければならない。我々は、すべてを教えられなくてもいい。そこには、適切な刺激だけが必要になる。

「我々はタスクに無関係な知覚の規則性を基に、無意識的な学習を行う。また、この無意識的な学習は視覚、聴覚の領域において、連続反応時間タスクの遂行中に発生する」

*Guo et al.（2013）

わかりやすく言い換えれば、私たちが意識的に何かを学ぼうとしたときのことを考えてみよう。そのときに、無意識的に私たちはより多くのものを学んでいるのだ。無意識には限界がない。

選手が試合中に問題を解決したとき、多くの場合は指導者が賞賛される。しかし実際のところ、それは無意識的に学習されたものであることも少なくない。原因がわからないときには、人々は指導者のおかげだと考える。選手にとっても、指導者によって成長したと考えるのは簡単だ。なぜなら指導者は意識的な教え方で、選手と日々接しているからだ。インプリシットトレーニング（暗黙的学習）は、選手が自覚しないうちに選手に学習させる。もし私たちが学習について無意識だったとすれば、それは暗黙的学習だ。指導者は指針だけを示しながら、選手を成長させていく。

アメリカのテノール歌手、ロバート・ブローは「平均的な教師は、複雑性を説明する。優秀な教師は、単純性を説明する」と言った。

指導者がタスクをシンプルにするとき、それは単純性の説明をしているわけではない。それは単に、複雑性を隠しているだけだ。試合よりもトレーニングをシンプルにするというのは、単純化するという意味ではない。それは、シンプルに説明するということだ。試合そのものが優秀な教師であり、指導者は試合をトレーニングの状況に再構成している。

過去のトレーニング思想では、やるべきことが決定されたドリルトレーニングが主だった。ドリルトレーニングは自動化された基本の動きを繰り返すが、そのような還元主義（「結果は原因から生じる」といった一義的な因果関係で説明できるという考え）的な思想は試合では役に立たない。例えば、研究者のマルコ・コニングスとフロレンティナ・ヘッティンガが既存研究の論文で示しているように「スポーツにおいて、相手選手の行動こそがトレーニングの強度を決定する主要因だ」。

試合のパフォーマンスの安定はトレーニングの不安定からしか生まれない

還元主義において、反応とパフォーマンスは標準化されると考えられている。しかし、試合において、標準化された反応は無価値だ。実際の試合で、トレーニングと同じ状況になることは稀である。だからこそ、以下の疑問に私たちは辿り着くだろう。「なぜ、試合そのものを学ばないのだろうか」と。もしかしたら器械体操の分野であれば、トレーニングした状況と本番は近いのかもしれない。しかし、サッカーではそうはいかない。試合におけるパフォーマンスの安定とは、トレーニングにおける不安定からしか生まれないのだ。この関係が逆になることは決してない。

選手を実際の試合でプレーさせる場合、試合で発生する事象を予測しなければならない。そう考えると、アナリティックトレーニングから得られる成果が、どれほど安定したものなのかがわかろうというものだ。それなのに、指導者は自らが招いた問題について頻繁に不満を述べる。さらに悪いことに、その問題を修正することを拒否することすらある。

言い換えれば、選手たちは指導者が望むようにプレーする準備が間に合わないまま、試合でプレーすることになる。トレーニングで試したことが試合で再現されないことに困った指導者が到達する最初の結論は、トレーニングを増やすことだ。方法自体が誤っていると気づく指導者は少ない。多くの指導者は、量で解決しようとしてしまう。これこそ、まさしく悪循環である。

「学習理論は、教育学的にすべての要素を足していくことで完成させるという思想をベースにしている。サッカーの世界では、それが最悪の方向に進んでいる。最初にフィジカルをトレーニングし、次にテクニック、最後に戦術。こうやって教えていくと、最後には何もない選手が完成する。指導者が試合の所有者になろうとすることで、試合を破壊してしまうのだ。我々は判断力を抽象化してしまい、自ら判断しようとする選手を使わなくなっていく。この思想こそ、変化が必要な部分だ」

——カルロス・ケイロス（カタール代表監督）

私がフィジカルコーチとしての仕事を始めた頃、カルロス・ケイロスが説明した悪い例のようにトレーニングを計画していた。朝にジムトレーニング、有酸素運動、最後にドリブルトレーニング……。状況に応じて選手がプレーを判断する場面が、一度もない日もあったのだ。

簡単にすること、プロセスを減らすことは、選手にとって進歩の機会を奪うことだ。特に育成年代ではその影響は顕著であり、後悔することになるだろう。パフォーマンスがピークに至るプロでさえ、育成年代での正しいトレーニングの不足を悔やむことがある。1950年代から長く引用されている研究によれば、「人々の行動は個々の性格よりも環境から強い影響を受ける」という。例えば教会では静かにしなければならず、高速道路ではクラクションを鳴らすように――。

■多種多様な決断をトレーニングから排除することはできない

「同じ環境下において別の人々が行動するとき、その行動の類似性は、異なる環境における同じ人々の行動の類似性よりも大きい」

――ジョン・バーグ（アメリカ・イェール大学の社会心理学者）

このような研究では、「状況的アイデンティティ」という言葉が使われる。すなわち、選手たちはアナリティックトレーニングとヴィセラルトレーニングでは違う行動をとる。トレーニングという環境が変化することで、状況的アイデンティティが影響されるのだ。では、どのような状況的アイデンティティがサッカーの試合に相当するのだろうか？

例えばバドミントンは、サッカーと比べれば比較的シンプルなスポーツだと考えられる。ダブルスであれば「自分がペアを組む選手と相手のペア」が存在するので、選手の関係性は1対1と2対2に分別される。この関係性は、人数が多いスポーツに比べて複雑ではない。また、各チームは規定されたエリアでプレーするだけにスペースとの関連性もシンプルだ。そんなバドミントンでも、8つの判断が必要になる。

①行動を決断する
②行動に対する相手の動きを観察する
③限定された選択肢から1つを選択する
④相手の決断に影響を及ぼす
⑤相手にプレッシャーを与える
⑥相手の意表を突く
⑦効率的な動きを繰り返す
⑧幅広くプレーする

サッカーにおいて、この判断はどれだけの種類が必要になるだろうか？　これをカテゴライズすることは、ある意味では私の人生を懸けるべき仕事になる。それだけの多種多様な決断が存在し、分別することすら難しいのであれば、トレーニングから多種多様な決断を排除することは難しい。科学者たちが合意しているのは、「複雑な局面での意思決定には過去の経験を柔軟に応用することが求められている」ということだ。つまり、求められるのは有益な経験を選手たちに積ませることとなる。アメリカの即興ヴァイオリン奏者として有名なスティーブン・ナフマノヴィチは、「もし私たちが柔軟であれば、フィードバックの繰り返しで成長できるだろう。それはボールを正しいポジションで受けるために、徹底して繰り返すサッカー選手のようなものだ」と述べている。柔軟性はサッカーの世界だけでなく、人生でも欠かせないものだ。

チベット仏教の最高指導者ダライ・ラマは、柔軟な思考の重要性について次のように説明した。

「柔軟な心は、観点を変えることができる。柔軟であれば、問題にさまざまな視点からアプローチすることが可能になるのだ。今日の世界では、柔軟な思考を発達させようとすることは、怠惰な知識人にとって単純な演習ではなく、生存の問題だ。進化論の観点でも、最も柔軟な生物だけが環境に適応してきた。現代社会は急激で、予想外、そして暴力的な変化を続けている。柔軟な心は、外部の変化と和解するのに役立ち、内部の対立、矛盾を緩和するのにも役立つ。柔軟な心でなければ、我々の目は閉じてしまうことになり、世界は恐れによって支配される。柔軟なアプローチを採用することで、最も激動の状況でも落ち着きを保つことができる。人間の精神の抵抗力を強化できるのは、柔軟な心を維持しようとする私たちの努力のおかげなのだ」

サッカーは認知負荷が非常に高く、その点に注意を払う必要がある。試合を分析化、断片化することで、トレーニングしたい試合の一部を強化する場合は、全体性も考慮する必要があるのだ。試合がうまくいっていない場合は、できるだけ問題を少なくし、より具体的な現実に近づける要素を追加する必要がある。そこでは、「状況に応じた分析化、断片化」が求められることになる。

一方で、ペップ・グアルディオラがすでに苦しんでいるように「指導者はもはや存在しない。なぜなら、選手をトレーニングする時間がないからだ」というのも残酷な事実だ。アナリティックなアプローチは、試合の各区分をトレーニングできるようにするために時間を要する。その緊急時にこそ、ヴィセラルトレーニングを使用することも推奨されるはずだ。つまり、短いトレーニング時間を最大限に最適化する必要があるのだ。

現代サッカーを理解するために必要な「複雑系」の知見

オランダのレジェンドとして知られるルート・フリットは、「チームは精密な時計のようなものだ。部品が欠けても見た目は美しいが、同じようには動けない」と語っている。この発言は、トレーニングにも適用すべきだろう。トレーニングからある要素を除外したときも見栄えは変わらないが、同じようには動かない。現在、学習のプロセスは意識によって支配されている。このメソッドのベースにある思想は、「全体を理解するには部分の理解が必要になる」というものだ。だからこそ、彼らは部分を鍛えなければならないと考えている。しかし、サッカーの試合をプレーしたことがある人であれば簡単にイメージできるように、1つの部分は全体に影響を与える。小さな介入がポジティブな行為をネガティブな行為に変えてしまうことも珍しくない。

さらに、サッカーはすべてが状況に依存しているという点もポイントだ。その複雑性こそが、私たちを「複雑系」の学びへと導いていく。現代サッカーを理解するために必要なのは、複雑系の知見なのだ。統合的、認知的な視点は選手、指導者の思想を変革していく。その思想の変化に沿ったトレーニング手法こそ、ヴィセラルトレーニングが目指すべきところだ。

サッカーの新たなパラダイム（規範となる物の見方や捉え方）には、新しいトレーニング手法が必要となる。この観点から考えると、私たちは感覚的、認知的、感情的に異なる情報を知る必要がある。当然、選手たちの経験もそれぞれ異なっているように、選手たちはそれぞれ異なる主観で情報を処理することになる。

「我々が感覚器官を通して得る情報は不完全であり、曖昧なことが多い。その限定された情報から、認知機能が安定し、信頼できる情報を構築していく。過去の認知的な記憶と実際の情報を統合し、将来を予測することによって認知的な問題は解決される。現在の認知やタスクと将来的な予測は必ずしも関連するわけではないが、過去の直接的な経験こそが未来の予測には必要になる」

*Joos et al. (2020)

それらは十分ではないように思えるかもしれないが、予測というのは2種類に区別されることが多い。

「ランダムな信号から回答を発見する高レベルの予測は、眼窩前頭皮質や海馬（大脳辺縁系の一部）などの超感覚野の活動と相関する。条件つきの信号から回答を発見する低レベルの予測は、網膜視覚野の活動と関連する。この研究が示すのは、継続的に変化する環境での知覚的決断に影響を与える階層的予測を、私たちの神経系が更新し続けていることだ」

*Weilhammer et al.（2018）

この研究はドリルトレーニングの価値を損なう意図や、意識的な反復トレーニングによって蓄積された身体的な反応の価値を示す意図で引用されたものではない。この研究が教えてくれるのは、トレーニングというコインの裏側、つまりトレーニングの誤解された側面を見せることで初めてコインは完成するということだ。ヴィセラルトレーニングというアプローチは全体論的な理解によって、トレーニングの変革を目指している。私が提唱するトレーニングは当然、目指すべき場所ではない。あくまで新しいトレーニング思想を発展させていく、スタート地点と考えていくべきなのだ。

7 なぜヴィセラルトレーニングなのか？

「以前、脳は腸のようにチューブの形状で描かれていた」

——アンソニー・スミス（イギリスの科学ライター、著書『ザ・マインド』から）

なぜ、私はヴィセラルトレーニングという名前で自らのトレーニング手法を呼ぶのだろう？　その理由は、伝統的なトレーニングの思考から逃れられると考えているからだ。本能的、直感的な反応は、意識的な脳の反応とは大きく異なっている。当然、これは理論的な思考でもない。もしこの思考から最も離れたものがあるとすれば、それは有名なフランスの彫刻家オーギュスト・ロダンの「考える人」という銅像だろう。ヴィセラルという言葉を使うのは、サッカーの自然な性質を尊敬しているからだ。サッカーは情熱的なものであり、そのような情熱は本能的なものだ。サッカーのすべては説明できるものではないからこそ、情熱的なのだ。

内的な本能とは直感であり、精神的な精緻化（曖昧さを解消するためにアイデンティティを表現する言葉や視覚的要素などを明確化すること）を必要とせずに決断する本能的な感覚だ。ノーベル経済学賞を受賞したイスラエル出身の心理学者ダニエル・カーネマンは、「直感を養うには長い時間がかかる」とコメントしている。逆説的だが、心理学者のジークムント・フロイトは知識への入り口としての直感を信じていなかった。直感を解釈する方法はたくさんあるが、それらはすべて互いに非常に似ている。

①無意識的な知識への直接的なアクセス
②無意識の認知
③内部的な感覚
④無意識のパターン認識における内的知覚
⑤意識的に推論をする必要がなく本能的に何かを理解する能力

スティーブン・ナフマノヴィチは、音楽の教育について次のようにコメントしている。

「私たちは音楽を修正し、パターン化し、より分割し、より対称的に、大きくしたり、小さくすることができる。これらすべての操作については、学習することが可能だ。しかし、私たちが扱う素材であるコンテンツは、教えたり学んだりすることができない。五感ではなく、ミケランジェロが語ったインテリジェンスに似た能力で、私たちがそれを見たり、聞いたり、感じたりするために、それは単にそこにあるのだ」

本能に導かれるということは、何百万年もの進化的学習に夢中になることだ。何百万年もの間、私たちは洗練されてきたが、すべての知識はまだ私たちの中にあるという本能だったのだ。「私たちは、個人的無意識と集合的無意識を含む小さな意識と巨大な無意識を持つ存在であり、私たちの体にコード化された10億年の歴史だ」とナフマノヴィチは語っている。

「ダーウィン、文化人類学、認知人類学、現代の進化生物学と心理学のおかげで、人間の脳は少しずつ進化し、最初は非常に基本的な無意識の精神であり、今日私たちが持っている理性と制御の意識的な機能を持たなかったことがわかっている」

■直感こそ最速の反応であり無意識的なプロセスの力を最大限に引き出す

ピーター・ハリガンとデヴィッド・オークリーが示唆するように、「自然科学、特に神経生物学では、意識的な優位性は心理学ほど普及していない。生物の複雑で知的なデザインは、意識的なプロセスによって駆動されるとは考えられていないのだ。代わりに、それらは自然淘汰によって蓄積された適応プロセスに由来すると考えられている」。ロイス・アイゼンマンは、「直感的または暗黙の自己は、私たちの経験の組織化の中心である」とコメントしている。哲学者のアンリ・ベルクソンは、「究極の現実とは、直感によってのみ理解できる生命の衝動である」と述べた。

「ゴールを決めるには、何かしらのネジが外れた人間である必要がある」

――ジョージ・ベスト（元マンチェスター・ユナイテッドＦＷ）

「優れたＧＫは、本能的だ」

――ロドニー・マーシュ（元イングランド代表ＦＷ）

本能的な決断は、どこかから急に湧いてくるものではない。その記録がないために、まるで急に湧いてきたように見えるだけだ。私にとって本能とは、無意識的に選択される暗黙的学習の目に見える成果である。

詩人のマヤ・アンジェロウは、「私は、開かれた心で決断したことは常に正しいということを学んだ」という言葉を残している。開かれた心とは、本能的なもので、理性に影響されていない状態だ。これは無意識的な欲求に正直であり、意識的なものではない。ペップ・グアルディオラも本能を重要なものだと考えており、以下のように語っている。

「どのように私がリーダーシップを発揮するか？　なぜ私が選手に何かを伝えるか？　何も準備されてはおらず、すべてが本能的なものだ。毎日するであろう20の決断で、18の決断は本能的なものだ」

ディエゴ・シメオネも、自らの直感に身を委ねることを愛している。

「選手の交代は、本能的に決断されるものだ。考えていたら、私たちは負けてしまうだろう。まずは自らの創造性を信じなければならない」

ディエゴ・マルティネスも、彼らに賛同する。

「愛を測定できないように、人生で最も美しいことを、測ることは難しい。それらは、本能的なものだ。データに頼ることもあるし、科学やテクノロジーも私たちを助けてくれる。ただ、それはあくまで補完してくれるだけだ。コーチングはアートなのだ。本能とは長期間、我々が貯めてきた無意識的な知識だ。瞬間的な感覚こそ、最大の武器なのだ」

スペインのセビージャで活躍したスポーツディレクターのモンチは、意思決定にビッグデータ（人間では全体を把握することが困難な巨大なデータ群）を活用した先駆者の一人だ。しかし彼でさえ、本能の重要性を捨ててはいない。

「人の目というのは、絶対になくならない。芝の匂いを感じながら、選手がプレーしているのをスタジアムで確認することを忘れてはいけない。それは絶対に必要なのだ。データ

が助けてくれるのは、我々が生で観るべき選手たちを選ぶプロセスなのだ」

指導者は直感に頼ることで、結果的にあとから意識的な気づきを得ることになる。直感は選手だけでなく、指導者にも有益な概念だ。直感こそ最速の反応であり、無意識的なプロセスの力を最大限に引き出す。アレクサンドラ・ヴラソワとジョエル・ピアソンは、無意識的なプロセスは鍛えられる概念だと考えている。

「無意識的な教育が無意識に与える影響は大きく、意識的な決断の積み重ねと比べても顕著だ。無意識的な決断プロセスは、鍛えられるものなのだ」

無意識は意識的な思考よりも創造的でさえある

私の仮説だが、サッカー選手の意識的な認知は、トレーニングによって飛躍的には発展させられない。しかし、無意識的な能力の向上は未知の領域だ。無意識下に蓄積された経験というデータを行動の礎とすることで、サッカー選手は大きく成長する。認知心理学における先駆者の一人である心理学者のジョージ・ミラーは、1962年に記憶から何かを思いだすというプロセスについて次のように記した。

「意識は、どこから回答がやってきたのかを答えられない。そのプロセス自体は、無意識的なものなのだ。自発的に意識として現れるのは、思考のプロセスではない。それは、思考の結果である」

無意識は、実は賢い。無意識は意識的な思考よりも賢いとすら考えられている。トレーニングは行われるものだが、試合は感じるものなのだ。ヴィセラルトレーニングの目的は、機械のように選手を自動的に動かすようにすることではない。我々は、柔軟な自動化を目指している。心理学者のカール・グスタフ・ユングは、「無意識の究極的な豊かさ」について言及している。彼によれば「無意識は、意識的な思考よりも創造的だ」というのだ。心理学者のスティーヴ・アヤンも、次のように論じている。

「無意識的なプロセスは、さまざまな状況でも発見されている。それは自動での運動、自然発生的な連想、瞬間的な結論への飛躍（科学者が『暗黙の推論』と呼ぶものの例）、サブリミナル的な刺激（意識的に認識されていないもの）の知覚などである」

無意識の世界がサッカー選手に与える影響は、計り知れない。研究者のジョン・キルストロムは次のように説明している。

「無意識は、精神的な状態（認知、記憶）によって構成されている。それらが意識的な経験、思考、行動に影響を与える。自動のプロセスは、ここで無意識的に機能している。さらに健忘症患者は、明示的記憶と暗默的記憶の間を分離してしまっていることが多く、彼らが意識的に思いだすことができない記憶の影響を受けている可能性があることを示している。明示的、暗默的な分類は、知覚（『サブリミナル知覚』＊非注意性盲目、注意性盲目）、学習、および思考を含む、ほかのいくつかの心理的領域に拡張されている。原則として、認知の領域を超えて動機や感情にまで及ぶこともある。いずれの場合も、被験者は自分が気づいていない精神状態の影響を受けている」

＊非注意性盲目：視野の中には入っているものの、注意が向けられていないために物事を見落としてしまう事象のこと。1999年に「見えないゴリラの実験」によって、明確に立証された。この見えないゴリラの実験とは、以下のようなものである。被験者は、白いシャツを着た人と黒いシャツを着た人がバスケットボールをパスする短いビデオ映像を見せられ、白いシャツを着た人のパスの回数を数えるよう指示がされた。実験終了後、被験者にいくつかの質問がされ、その中の1つに「何か選手以外に目についたものはあるか？」というものが含まれていた。映像ではゴリラの着ぐるみを着た人が現場を通過したのだが、42％の被験者がそのゴリラの存在に気づかなかった

サッカーの世界では無意識の研究が遅れている

従来のアプローチが機能不全に陥りやすいという懸念は、「レスコーラ＝ワグナーモデル」の予測にも関連している。このモデルによれば、学習を加速させるのは「驚き」だ。このモデルによれば、多くを学ぶほどに我々は何かに遭遇したときに驚かなくなる。そして学習を続けるには、この驚きが必要になっていく。意識を鍛えようとする従来のアプローチに限界があることに気づいているのは、もちろんサッカーの世界だけではない。

例えばマーケティングの分野では、クラウス・ペーター・ヴィードマンが「（感性に訴えかけ五感を刺激することにより購買意欲、来店意欲を高める）センサリーマーケティングの分野では感覚刺激の大部分が無意識下で認知されるので、消費者情報の潜在的な処理が重要な役割を果たしている」と明言している。ＥＣ（自社の商品やサービスをインターネット上に置いた独自運営のウェブサイトで販売する手法）の世界でも、購入の判断が無意識下で行われている。シェン・イーの研究は、「消費者の無意識的な思考は、複雑な購入決定をするプロセスを助けている」と結論づけている。

心理学的には、パソコンの画面を眺めながら何かの購入を決定するというプロセスは複雑なものだと定義されている。そうなると、サッカーはどのくらい複雑なのだろうか。マーケティングや心理学の世界に比べると、サッカーの世界では無意識の研究は遅れている。その遅れにこそ問題があり、選手たちは文化的にこういった手法に慣れていない。しかし、慣れていないこと自体は問題ないと主張する研究者も存在している。アメリカ・マサチューセッツ工科大学のダニエル・キム教授は異文化適応について、次のように論じている。

「異文化への適応は、基本的には時間の経過を必要とするが、文化的学習や個人の変化にほとんど気づかないプロセスだ。それは、不利な環境条件に直面したときにバランスを保とうとする人間の自然な発達だ。このプロセスは、ストレス、適応、成長という変動する経験の中で展開される。異文化適応の探求は、個人が成長する道を開く。人々は慣れ親しんだものを捨てることで、自分自身を含めた人間の状態をより包括的に理解しようとするのだ」

臓器は脳とコミュニケーションしていることを知覚している

無意識は、臓器とも関係している。ディエゴ・マルティネスのコメントを参照してみよう。

「脳と心臓、そして臓器は密接に関係していることが証明されている」

人間の腸内に存在している無数の微生物が、もし私たちの脳に影響を与えるのであれば「彼らを安心させる」ことは良い結果を招くはずだ。イギリス・オックスフォード大学の研究では、心臓に4万個のニューロン（神経細胞）ネットワークを発見している。これは脳と協力しながら感情のコントロールに介入することに加えて、ホルモン（オキシトシン、ペプチド）を分泌しているということだ。心臓は半径2〜5メートル（脳の5000倍）の電磁場を生成し、その半径内にいる人々の心臓に影響を与える可能性があるとも言われている。

それは、もしかしたら悲しみや多幸感などの気分を伝達しているのかもしれない。哲学者のアリストテレスは「心こそが、脳のように機能している」と考えていた。それは、必ずしも根拠のない妄言ではないのではないだろうか。脳が受容するよりも多くの情報を送る心臓は、ストレスホルモンの生成を抑制し、オキシトシンを生成している。数学者であり、意識についての研究でも知られるアニー・マルキエールは、「心臓は脳を動かす」と信じている。

その一方で、私たちの消化器官には1億個の神経細胞が存在している。身体の内部では、腸内フローラが迷走神経を介しながら脳に信号を送り、人々の気分を調整するのだ。心臓と同様に、一次内臓神経である迷走神経における繊維の約90%は、腸から脳に情報を伝達していることが判明している。その逆（脳から腸への伝達）ではない。

「消化器の知性」という観点で研究している専門家（イリーナ・マトベイコワ博士など）も有名だ。英語では気分が悪いときに「胃の中に蝶がいる気分」という表現が使われることもあるが、これも消化器系と脳がコミュニケーションしていることを知覚しているのかもしれない。医師のカレン・ジェンセンは著書『スリーブレインズ（3つの脳）』において、似たようなことを述べている。

「研究によれば、3つの脳が存在している。心臓、消化器系、頭だ。消化器系は頭とコミュニケーションしながら、行動に影響を与えている。心臓は認知や感情に影響を与えている」

この脳と消化器系の関係性は非常に重要であり、腸内の微生物がうつ病や自閉症、統合失調症、パーキンソン病などの認知的、感情的な状態に影響を与えていることも発見されている。消化器系は静かに活動しているので注目されることは少ないが、それらを無視することはできない。そういった意識の介在しない無意識のスピードこそが、ヴィセラルトレーニングで求められているものだ。

◘「少し考える時間がほしい」はサッカーでは通用しない

高速でプレーするには、高速で思考しなければならない。しかし、高速で思考するには、高速でプレーしなければならない。

ラルフ・ラングニックは、スペインの新聞『エル・パイス』のインタビューで次のように答えている。

記者「例えばサディオ・マネやティモ・ヴェルナー、ロベルト・フィルミーノやアーリング・

ハーランドのような選手の成長を、どうやって予測できたのか?」

ラングニック「ボールを扱う技術は、一つの武器だ。当然、スピードや加速力も重要だろう。ただ、最も欠かせないのは思考のスピードだ。彼らは状況を分析し、瞬間的にプレーを決断する能力に優れていた」

無意識の行動を神経的観点から識別するのが簡単ではないのと同じように、意識的な行動を識別するのも簡単ではない。神経学者、神経科学者、または心理学者に「前頭葉はどのような役割なのか?」という質問をすると、それぞれから異なった答えが返ってくる。神経科学自体もまだ発展途上の分野であり、「意識的な経験の神経相関を確実に分離する方法はない」と、ドイツの哲学者トビアス・シュリヒトは主張している。

複雑で持続的な認知処理は、無意識のうちに発生している可能性が高い、というのは、先行研究から私たちが導ける一つの強力な主張だ。であるなら、意識的なプロセスだけが複雑なタスクに対応していて、無意識的なプロセスは簡単なタスクだけを解決しているという考えを捨てなければならない。「少し考える時間がほしい」という発言は実生活でよく聞かれる。ただ、サッカーの世界ではその発言は通用しない。サッカー選手が決断に時間を要するとき、もはやその決断は最高の決断ではない。ジョン・バーグは次のように言う。

「サッカーの歴史において、最善、もしくは最も安全な反応を発見するために私たちの

周りで起こっていることをやめるということは不可能だった。我々はスピードと効率を重視しながら、意識的にじっくりと考えるプロセスを捨てなければならない。実際の試合でも、スピードに適応していくには無意識的な思考や行動が行われている」

よくあることだが、古い知り合いに偶然会ったときに名前を思いだせないことがあるはずだ。そのときに意識的に名前を思いだそうとすればするほど、名前が思いだせない経験はないだろうか。そういうときに限って、思いだすことを諦めて別のことをしているときに無意識的に記憶が蘇ることがある。これは意識的に難しいことであっても、無意識が解決してくれる1つの例だ。神経科学の分野も発展途上であり、これまで事実だとされてきた研究が否定されることも珍しくはない。しかし、サッカー選手たちの脳機能を理解するには、科学的研究の助けが必要となるのもまた事実だ。

第3章

複雑系

FOOTBALL VISCERAL TRAINING

1 ヴィセラルトレーニングと複雑系のパラダイム

「21世紀は、複雑系の時代になる」

——スティーヴン・ホーキング（イギリスの理論物理学者）

複雑系科学において、それぞれの部分がどのように働いているかを統合することから全体を理解することは不可能だ。複雑系において、すべての構成要素は複雑にそれぞれが相互作用しており、環境とも相互作用することがある。相互要素のネットワークはそれぞれが同じように相互作用しているだけでなく、いくつかの構成要素だけが複雑に多くの要素と相互作用しているケースもある。サッカーでいえば、試合を分析する場合、次の要素を観察しなければならない。

❶自チーム：どの要素が自チームの機能を守るために重要になっているかを知ることで、相手チームの攻撃から簡単に機能を失わない組織を構築することが可能になる。また、自チームを強化する面でも重要な要素を知ることは貴重となる

2 相手チーム：ほかの要素と比べてより組織全体に影響を与える要素を知ることで、相手チームの行動パターンを予測しやすくなる

なぜなら、ポール・ボグダンの「複雑な生態学的機能を理解しようという努力は続けられているが、一方で不確実な環境における彼らの行動を理解する理論や分析が不足している」というコメントのように、単純化された原因─結果のような分析を続けるよりも、より複雑な世界の分析を進めなければならない。ここで悲しむべきことは、人々はもともと複雑系を分析する力があるのに、教育が進むにつれて増えていく偏りによって、分析の質が落ちてしまうことだ。

■直線的な論理は複雑系の理解には適していない

研究者のブライアン・マクリーンらは、次のように説明している。

「人間は生来的に、機能を総合的に理解する能力を有している。先行研究によれば、特に幼少期の人間は機能を総合的に思考する能力に優れていることが証明されているのだ。しかし、従来の教育手法は複雑系を細かく分割していくことで理解していくという方法論によって、子どもたちの能力を奪ってしまう。私たちは理解しやすい部分へと分解し、細か

い部分を最後に集めることで、機能全体を理解していると勘違いしているのだ」

直線的な論理は、複雑系の理解には適していない。サッカーの試合に置き換えれば、例えば選手たちのパフォーマンスが後半で低下した場合、その理由をフィジカルコンディションのせいにしてしまうのは簡単だ。しかし、それでは多くの要素を見失ってしまう。

マクリーンらは、次のようにコメントしている。

「スポーツは、複数の構成要素や非線形（力と変形など、2つの変数が比例関係にない状態）の相互作用、創発的な特性、活力、反復的なフィードバックの連続など、複雑系に含まれる特性の多くを備えていることがわかっている」

2 偽の複雑系と偽のエコロジー

「私のアプローチは、エドガール・モラン（フランスの哲学者）から強い影響を受けている。彼は異なる観点から事象を観察し、それを最終的に統合することを試みていた」

——レオナルド・ジャルディム（アル＝アハリ［UAE］監督）

気をつけなければならないのは、今や誰もが現代サッカーの複雑性についてコメントしているということだ。ただし、複雑性について言及しているだけで、複雑性を理解していないことも多い。試合の複雑性を理解するには、シンプルな発言だけではなく深い考察が必要なのだ。

レオナルド・ジャルディムは次のようにも述べている。

「私は、フィジカル、テクニカル、戦術的、心理的な領域を分割しない。試合当日に、それらを統合するのは簡単ではない。だからこそ私は、ボールを使いながら選手たちの自然な修正をベースにトレーニングを計画していく。これは少し、動物的だ。動物たちはそれ

図１：脳機能の複雑性

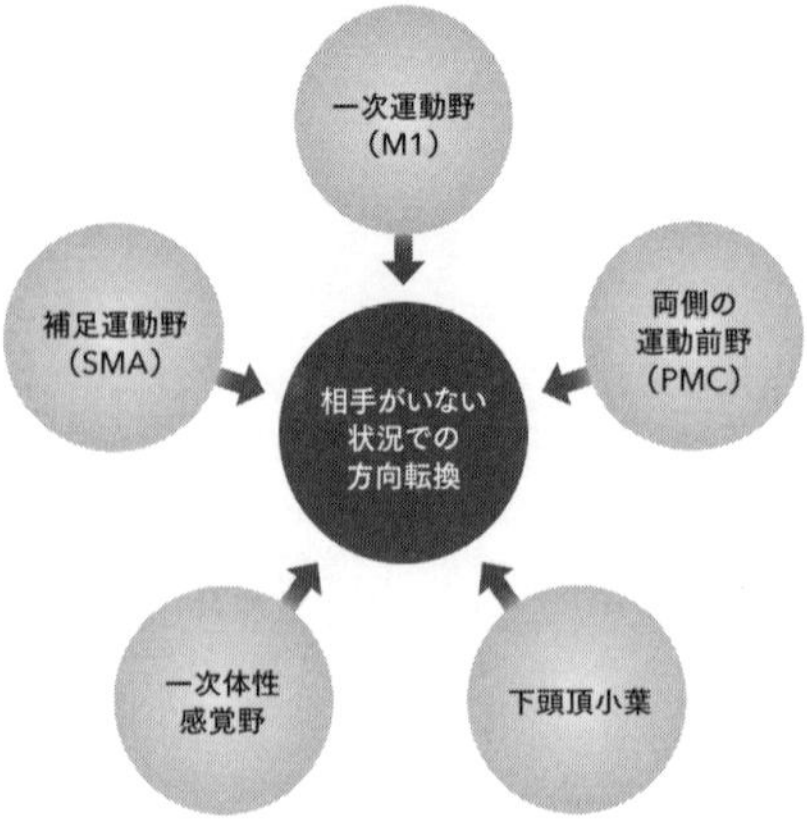

それが好む自然の環境で、繁栄する。それこそがエコロジカルメソドロジー（選手の適応行動に依拠した方法論）だ。私の性格にも、それはとても合っていると思う」

時々、私は認知的―身体的なタスクの複雑性について知らないことが多すぎることに驚くことがある。例えば研究者のダニエル・カリウスらは、バスケットボールにおいて相手がいない状況での方向転換における脳機能の複雑性を次のように定義した。

「両側の運動前野（ＰＭＣ）、補足運動野（ＳＭＡ）、一次運動野（Ｍ１）が活性化し、下頭頂小葉と一次体性感覚野も反応している」

「相手がいない状況で、方向を変えるだけ」でも、これだけの脳機能が活動しているのだ。また、何千年もの進化のプロセスで人々は手をより自由に動かせるようになってきていることから、足を動かすときよりも脳神経は複雑に機能している。

「**手というのは、感覚的、運動的に過剰なほど多くのニューロンによって機能している。一方で足というのは、数少ないニューロンによって機能をコントロールされている**」

――ジェフリー・ホルト（アメリカ・ハーバードメディカルスクールの教授であり、神経学者）

トレーニングの複雑性は試合以上でなければならない

同じような意味で、オリヴァー・ザイデルとパトリック・ラガートは「ハンドボールの選手たちはM1において、手をコントロールする領域に多くの灰白質（神経細胞の細胞体が密集する領域）を有している。一方でバレエダンサーは足をコントロールする領域に多くの灰白質を有している」という研究を発表している。このような研究結果が示唆するのは、スポーツ特有の動きに対応するために脳神経は最適化していくということだ。

ヴィセラルトレーニングの仮説からすると、高レベルの環境でプレーする選手に対するトレーニングでの認知的な負荷は、試合と比べると低すぎると考えている。正確には、その負荷を最も引き起こすのは試合の刺激だ。戦わなければならない相手が優れている場合、無意識的なプロセスを刺激することで彼らに対抗する必要がある。その場合、数的に有利なロンドは適切なトレーニングにはならない。なぜなら、実際の試合での状況との乖離があるからだ。望むべきは同数の4対4だろう。もしくは4対6であれば、実際の試合に近くなるはずだ。

バスケットボールにおけるドリブルトレーニングにおいて、カリウスらは「認知的な複雑性が低いレベルのトレーニングをするときは、神経効率を測定する指標であるPMC―SMAの血行的な反応も悪い」との研究結果を発表している。しかし当然だが、慣れていない側の手を使いながら方向を転換するようなドリブルトレーニングは神経的な変化を与える意味で必要だ。脳の血流を観察すると、利き腕でのトレーニングとそうでないトレーニング、またはトレーニングのスピードによって、まったく違う反応を示している。だからこそ、ヴィセラルトレーニング的なトレーニングへの適応がカギになる。神経学的にシンプルなトレーニングではなく、複雑なトレーニングを課していかなければならないのだ。

可能であれば、理想は試合よりも複雑なトレーニングとなる。我々は、「ヒックの法則（選択肢の数が増えていくと選択に必要な時間は長くなるという法則）」に挑戦していかなければならない。時速150キロメートルでの運転に慣れていれば、普通に考えれば時速120キロメートルでの運転は楽になるはずだ。アメリカのスポーツメディア『ジ・アスレティック』によって明らかになった、トーマス・トゥヘルのトレーニングは興味深い。

「トゥヘルは横幅が狭いピッチや、縦幅が狭いピッチを好む。それ以外にもテニスボールを

手に掴ませることで、DFが相手選手を掴めない状況でトレーニングさせることもある。斜めのパスを増やしたいときは、コーナーをなくしてピッチを三角形にする。すべてはトレーニングを難しくすることで選手たちに過度な精神的負荷を与え、実際の試合を楽にすることなのだ」

また、パコ・セイルーロもスペースについて興味深い表現をしている。

「85%のトレーニングセッションは、ミクロな試合であるべきだ。それはスピーディーな相互作用で、選手が問題を解決することに慣れることができるからだ。マクロな動きは、時間とスペースがあればマスターすることが可能だ」

スペースを狭くするほど、判断への負荷は増加する。選手たちの認知的な構造に、難題を与えていかなければならないのだ。

最低限、トレーニングの複雑性は試合と同レベルでなければならない。つまりエコロジカルな観点における「環境は、最低限、試合と同じようなもの」でなければならないのだ。偽物の複雑系と偽物のエコロジーは、選手にとっての利益にはならない。ボールと相手、チームメイトが最低限揃っていることで、我々はエコロジカルな複雑性が担保されていると認識する。さらに、我々はその試合を「競争力のある試合」だと仮定している。

■「難易度の高いフレンドリーマッチ」が1つの優れた手法

相手チームが優れている場合だけではなく、自チームが優れているケースもある。その場合も、トレーニングで無意識的なプロセスに刺激を与える必要がある。現実の試合が弱い刺激しか与えない例として、PSGのようなヨーロッパの強豪に何が起こっているのかを仮説的に考察してみよう。彼らは「エコロジーと国内リーグの複雑性」という意味では、圧倒的なチームだ。ただし、「エコロジーと欧州レベルの複雑性」では、圧倒的な力を有していない。南米大陸でも、同じようなことが起きている。チリやボリビア、ペルーのようなチームは優れているが、彼らも南米予選では苦しめられている。

ここでは実例として、コパ・アメリカ2021でのボリビア代表について思考してみよう。ボリビアには優れた選手が揃っていたが、国内リーグのレベル、環境に慣れている選手たちはハイレベルな試合に対応し切れなかった。つまり、11人の選手がお互いにプレーするとき、選手たちが育ってきた11の環境の争いでもあるのだ。

元アルゼンチン代表の監督であるアレハンドロ・サベーラは、2009年のクラブワールドカップ決勝でエストゥディアンテスを率いてバルセロナと対戦している。彼は1996年にリーベル・プレートがユヴェントスとトヨタカップで戦ったことが、「自分たちの現実を上回るレベルの試合でプレーする準備の必要性を教えてくれた」と語っている。

「我々は慣れていなかったし、そのレベルに慣れることは不可能だ。『バルセロナとプレーすることに慣れろ』と選手たちに伝えても、それは酷だろう。ユヴェントスはリーベルに挑んだ試合で、デル・ピエロのゴールによって1対0で勝利した。彼らはリーベルのフランチェスコリに、『ユヴェントスともう一度対戦したいか』と尋ねた。彼は『もちろんだ。しかし6カ月が必要だ。この強度でプレーするには、慣れる時間が必要だ』と答えたという。私たちも同じように、バルセロナと再戦するには6カ月の準備期間が必要だと考えている。そのためにはバルセロナとのトレーニングが必要だ。なぜなら、彼らのようなチームはほかに存在しないからだ」

トレーニングにおいて、1つの優れた手法は「難易度の高いフレンドリーマッチ」だ。難易度の高い状況こそ、選手の同調を助ける。トレーニングマッチで、スタメンの選手たちがサブの選手たちに負けることが多いのはなぜだろうか？　当然、自分が優れていると感じている選手たちはリラックスする。自分が劣っていると認識している選手たちは、より高いレベルで活性化されるからだ。

複雑性に劣る側が複雑性に優れた側との相互作用によって得をする

ディエゴ・マルティネスは、グラナダをヨーロッパリーグで躍進させた際にマンチェスター・ユナイテッドと対戦することになった。彼はそのとき、次のようにインタビューに答えている。

「グラナダにとって、プレシーズンでマンチェスター・ユナイテッドと対戦することは難しいミッションだろう」

ペパイン・ラインダースはユルゲン・クロップの右腕として知られているが、彼の説明は端的だ。

「レベルが上がれば、プレッシャーは強くなる。そして試合のスピードも速くなる」

もし相手チームがそこまで強くなければ、必要となるスピードでの判断を鍛えられない。もしそのクオリティでのトレーニングマッチが難しいのであれば、不可欠になるのはトレーニングで与える感覚的、認知的負荷を高めることだ。試合で必要となる状況に応じた複雑性と行為を確保することで、自分たちは「優れた相手チーム」に近づける。自分たちが強く、ほかに対戦する相手がいない場合、トレーニングで用意すべきは「優れた自分たち」だ。

前述した内容は、「複雑性マッチング現象」の研究に関係している。わかりやすく言えば、複雑性が異なった2つのシステム間において、最大の情報転送が行われるという現象だ。複雑性に劣る側が、複雑性に優れた側との相互作用によって得をするのだ。

これらの研究は、高齢者と若者が手をつないで歩くと高齢者の歩行が改善される方法に基づいている。なぜなら、「高齢者と若者をペアにすることによって、健康な複雑性がその時間的な複雑性と周期性を高齢者に伝達する。その治療プロセスの結果、2つのシステムが同期する」からだ。これと同じことが、複雑性に劣るチームでも発生する。レベルの高いチームとの相互作用を続けることは、複雑性マッチング現象を奨励することになる。

もしこの複雑性マッチング現象を機能させる環境がない場合は、どうすべきだろうか？　ヴィセラルトトレーニングは、その助けになるかもしれない。選手たちの判断や脳神経のスピードを鍛える上で、トレーニングは「優れたチーム」と「劣ったチーム」を意図的につくり出す方法としても使えるのだ。

3 サッカーにおけるTPNとDMN

「理性的な人にとって、直感的な精神プロセスは逆方向だと感じられる。そのプロセスでは、前提の前に結論が得られるからだ。これは、2つを関連させるステップが省略されているためだ。これらのステップは、無意識が処理するステップなのだ」

——フランシス・ウィックス（アメリカの心理学者、作家）

記者「現在の選手には、どのような特性があるのか？」

ディエゴ・シメオネ「賢い。過去の選手たちは、もっと創造的にプレーしていた。今の選手たちは、説明を求めてくる。彼らの賢さ、好奇心を刺激してあげるには説明が必要だ。少年のように、彼らは『なぜ？』と尋ねてくる。我々の選手時代は創造性を活性化しながら指導者の指示を実行していた。今は、なぜこのスペースを使うのか、なぜここで数的優位をつくるのか、どのようにトレーニングが試合と関係しているのか……すべてが質問責めだ」

これはディエゴ・グロッソ記者による、ディエゴ・シメオネのインタビューだ。2021年にアルゼンチンの新聞『ラ・ナシオン』に掲載されたシメオネのコメントは、「大脳皮質の魅力」を示す好例だ。ジョン・バーグの発言は、示唆に富んでいる。

「意識というのは、急にどこかから現れる精神状態ではない。それは過去に蓄積された、無意識的な行動の総体だ。もともとの自動的な構造は、私たちの中に残っている。しかし意識の出現は、私たちの欲求を満たす新しい方法、過去の自動的な行動を意図的に利用する能力を私たちに与えた。私たちの本能は、何千年、何百万年もの間、私たちにとって非常に役に立つ手段だった。それらの手段が役に立たなかったとしたら、自然淘汰というプロセスが排除していたはずだ」

脳のスピードを極限に近づけていくとき、絶対に無視できない古来の手段こそが無意識的な本能だ。この最も原始的な機能を最大限に使うことこそが、新しいのだ。

私たちは、合理性をコントロールするのが、脳の容積で80％を占める大脳皮質だと信じていたが、残り2つの脳器官（アメリカ・イェール大学の神経科学者ポール・マクリーンの著書『三つの脳の進化（邦題）』において、爬虫類脳：反射脳と哺乳類脳：情動脳）が、実はそれを担っていると考えられるようになってきている。

彼ら（脳）は125ミリ秒ですでに何かを行っているため、迅速に私たちを制御する。つまり、

0・13秒という一瞬で、それらの器官は我々を制御するために活動している。ただ、何が起こっているのかを認識するのには500ミリ秒（0・5秒）が必要なので、それに気づくことでさえ簡単でなかった。

スティーヴ・アヤンは「無意識下のプロセスが、私たちの意識の大部分を支配している。どこに注意を向けるのか、何を覚えるのか、たくさんの刺激をどのようにフィルタリング（所定の条件に基づいて情報を選別、除外すること）するのか、どのように解釈するのか。そういった部分は、自動で行われるプロセスだ」と述べている。この脳機能における処理スピードの差を考えれば、決断が合理的な思考を必要としていない事実が発覚する。そう考えれば、爬虫類脳が自由に機能できるようになり、大脳皮質の遅さと論理的思考を結合させる必要性がなくなるのだ。

無意識と意識は継続的に相互作用している

三位一体の脳の分離という概念は、比喩的な単純化として機能している。なぜなら、実際のところ、神経回路が異なる脳を介して実行されていることがすでに証明されているからだ。戦術や技術を教える方法は、これまで教育学をベースに構築されてきた。しかし、脳機能の理解が大きく変わってきている今、トレーニングの手法についても抜本的な見直しが必要になるのかもしれない。無意識的な思考は大脳皮質にも存在するが、アヤンは次のように主張している。

「予測的な脳についての新しい理論は、ジークムント・フロイトの理論を完全に否定するだけではなく、大脳皮質が意識の源になるという古典的な思想に矛盾している。南アフリカ・ケープタウン大学の神経科学者マーク・ソルムズによれば、これらの高次領域は意識の担い手ではなく、脳幹と中脳のより深い構造が『するべきことを伝える』ものだ。ソルムズは意識の源を、覚醒、感情的刺激、衝動を調節している脳の領域、まさにフロイトが無意識と定義した領域に配置している。意識が生じるのは脳の最も深く、最も感情的な部分であり、大脳辺縁系だ」

この仮説は、実証的にも証明されている。2007年の論文で、神経科学者のビョルン・メルカーは「大脳皮質がなくとも、意識的な現象は発生する。論理的思考や内省などの複雑な精神コントロールは難しいが、喜び、怒り、悲しみなどの感情はコントロールされた」と結論づけている。ロイス・アイゼンマンは同様に、「以前は意識と関連するときだけ活動すると考えられていた大脳皮質が、意識には現れない何かしらの刺激に反応し、行動に影響を与える可能性がある」と主張している。

還元主義的な方法論では、学習は理論的に分解されていく。しかし、新しい脳の研究が進んだことで、それは古い脳の研究に置き換えられるのではなく、統合された。だからこそ、代替ではなくシナジー（物や事柄、人などが複数存在することでお互いに作用し合い効果や機能を高めること）を発生させるように考えていかなければならない。神経科学の研究は、動物が人々の予想よりも意識的に行動していることを証明すると同時に、人々が無意識に支配されていることを示している。進化的な意味でも、合理的な機能が洗練されていくのは自然なことだ。

大脳皮質の魅力の要素を抽出していくと、その基本的な寓話、比喩が誇張されていることがわかってくる。大脳皮質が意識をコントロールする機能を担い、無意識よりも意識こそが理性的だと考えられていたことで、無意識は軽視されてきた。無意識は明示的、自動化、努力が不要なプロセスだと言い換えられてきたのだ。しかし、現代の研究が証明しているように「意識下で解決することが難しい複雑な問題ですら、無意識下で解決されることがある」という事実は忘れてはならない。

この大脳皮質の魅力から逃れるのに、有益なルールがある。これはサッカーチームでも活用できる手法で、もともとは映画監督のルイス・ブニュエルと画家のサルバドール・ダリの逸話だ。親友だった2人は1920年代のスペイン・マドリードで頻繁に議論を楽しんでいたが、そのときに1つのルールを定めていた。それが、拒否権だ。片方が何かしらのアイデアを提示したとき、もう片方は3秒後にそれを受け入れるか否かを決定する。これは、彼らが相手の意見に干渉するときに理由を用意したくなかったからだった。これは、サッカーの試合と似ている。そこには理性的な干渉がなく、意思決定は本能に依存している。

無意識的な心理状態が意識的な心理状態を支えるベースであって、その逆ではないというのはどういう意味だろう？　まずは、行動主義者と認知科学者の間で続けられてきた議論に決着をつけなければならない。人間は、からくり人形のように人生を歩みながら刺激に翻弄される無知な存在ではないが、行為や思考を完全に制御できる自分自身の絶対的な支配者でもない。実際のところ、無意識と意識は継続的に相互作用している。そういう意味では、行動主義者と認知科学者はどちらも正しい。

当時は「考える」ことは悪いことではないというのが常識だった

本書は、忘れられてきた無意識的な脳の機能こそが、サッカーをプレーするために不可欠な適応手段であり、無意識的な脳を再評価するために執筆された。加えて、サッカーをプレーするために無意識的な反応が不可欠だからこそ、トレーニングも変革しなければならないと考えている。もちろん、偏りとそれに伴う失敗には気をつけなければならない。私が指導者として働いていたとき、常に私はチーム全体、それぞれの選手を成長させられるように努めてきた。

私たちがサッカー選手に課すトレーニングセッションの多くは、タスク指向的なネットワーク、またはTPN（タスクポジティブネットワーク＝中央実行系）として知られているものを強化しているようだ。私たちが集中し、自分がしていることについて考えようとすればするほどTPNが強化され、DMN（デフォルトモードネットワーク）と呼ばれる機能の活性化が妨げられる。このDMNは、ぼんやりした状態の脳が行っている神経活動で、創造性と関係している。つまり、DMNが活発になることで創造力が高まり、いろいろなアイデアが浮かんできやすい。

そして、自発的な思考を刺激するには、選手は試合の中で休憩しないといけない。タスクに100％集中していない状況だからこそ、脳は自由に思考するからだ。選手も思考が定まらないことはあるが、彼らは単に試合で何が起こっているのかを噛み砕こうとしているだけであることが多い。彼らは意識的に回答が発見できていない状態で「さまよっている」が、同時に彼らは試合について考えているので「集中している」のだ。

この探求的な行動で知られている選手が、リオネル・メッシだ。彼は試合の序盤で目的もなく歩いているように見えることがあるが、そのように試合から「切り離されている」時間にこそ、彼は創造的な解決策を探している。強迫観念による集中は、創造的な思考を妨げてしまう。我々は、集中力に関係する理論を学び直す必要がありそうだ。

「静的な状態のネットワークでこれまでに発見された関係性は、脳の内因性機能ネットワーク構造の組織における中心的な役割にDMNを配置するという明らかな階層を示している」

――マーカス・ライクル（アメリカ・ワシントン大学医学部の神経科医）

ライクルが描写している事実をどのように考えるべきだろうか？ 彼によれば、「注意を必要とするタスクに対応しているときに、DAN（背側注意ネットワーク）が増加する一方で、DMNは活動を減少させてしまう」ということが判明している。

個人的な指導者としての経験から、私は次のことを思いだす。1999年当時、私はヴィセラルトレーニングを感覚的に理解していた。しかし、一方で「考える」ことについての理解は足りていなかった。もっと正しく言えば、考えることの価値を誤解していた。それは準決勝進出を懸けた試合で、緊迫感のある場面だった。試合会場はホームではなかったが、選手を応援する多くの関係者が遠征してくれていた。その中に主力選手の父親もおり、彼が息子に頻繁に声をかけていた。彼は息子の名前を呼びながら、「考えろ」と指示をしていた。そのとき、私はその指示が有益だと考えていた。当時、考えることは悪いことではないというのが常識だったのだ。しかし、多くを考えてしまうと選手は能力を発揮し切れない。実際に当時、その選手はいつもどおりのパフォーマンスでプレーできなかった。

DMNは感覚刺激が最小限に抑えられているときに最もアクティブになる

この考えるというのは典型的なTPNだ。選手の才能を発揮する最高の方法は、実は考えないことなのだ。我々が誤解し、選手に求めている考えるという行動はスポーツの世界では通用しない。それは、身体を休めながら脳が動いている状態で、感情や感覚と切り離されてしまっている。実際の賢さというのは、単なる脳の機能ではないのだ。その知性は、よりグローバルで、全体論的で、統合的なものだ。それは、認知的で感情的でもある。その知性が、サッカー選手に必要なものだろう。

集中した状態でのプロセスであるTPNと、より自由度の高い状態でのプロセスであるDMNがどのようなタイミングで切り替わるのかという部分については、さらなる研究が必要になる。なぜなら、我々がどのように選手たちに「意識的な思考なしで認知する」のかを伝えることは難しいからだ。
サッカーは、高い認知能力が求められるスポーツではないだろうか？　実際のところ、要求レベルの高いスポーツだ。研究によると、サッカー選手は高い認知能力を示しており、依然としてほかのスポーツの平均を上回っている。しかし、TPNのように意識した状態は選手の判断には不向きだという。

「学術的研究は、DMNが自己反省的、もしくは自分が学んできたことを再度思いだすような機能に関係していることを示しており、DMNの活動の変動段階は、TPNに関連するネットワークの活動が変動することにも相関している」

*Carhart-Harris et al.（2016）

サッカー選手が試合において外的に集中しているとき、自己反省的な状態になることは考えづらい。サッカー選手の脳内では、何が起きているのだろうか？　脳科学者のロビン・カーハート＝ハリスらの研究によれば、それはDMNではない。

「DMNにおけるBOLD信号（血中酸素濃度に依存する信号）の増加とタスク実行中の精神的にさまよっている状態の間に存在する正の相関は、タスクをしていない状態での認知的な性質については何も教えてくれない」

私の知る限り、サッカー選手はタスクを解決するという課題からは逸脱していない。しかし、彼らはタスクに積極的な注意を完全に向けてもいないように思える。

「DMNは外部からの感覚刺激が最小限に抑えられているときに最もアクティブになり、心が自由になることで自分を振り返ることが可能になる」

*Al-Zoubi et al.(2021)

私たちは「無意識の実行機能」があることを知っている

この逆を考えてみれば、外的な刺激に集中しているときはDMNの活動が抑制されているということだ。この観点だとサッカーをプレーしているときは、外部の感覚刺激が最小限に抑えられていないので、DMNは機能していないように思える。しかし、一方で試合への集中はすべてを忘れさせるという選手もいるだろう。彼らは試合のことだけを考えており、普段だったら気になることが気にならない。

さまよっている思考の割合が大きくなればなるほど、知覚の結合が抑制されることで視覚機能の不活性化が発生するという矛盾をどのように説明するべきだろうか？　サッカー選手は見ていないのだろうか？　それとも必要な要素だけを視認し、そこに反応しようとしているのだろうか？　それはティモシー・ラウマンとエイブラハム・スナイダーが示唆するように、「脳の各部分がオンラインとオフラインの状態を交互に繰り返していることで、両方の状態が脳の異なる部分に同時に存在する可能性がある」という事実と関係があるのだろうか？

つまり、それは選手が論理的な思考でプレーしていないことから純粋な状態のＴＰＮではないが、一方で柔軟なＤＭＮでもない。彼らは探求していると同時に集中しており、これは従来的な感覚ではない。神経科学が最終的にトレーニングで使われるようになったとき、私たちはこれらの論争への答えを発見するかもしれない。

神経科学者のサルマン・カシムは、次のように述べている。

「私たちは無意識的な認識と、ある意味での『無意識の実行機能』があることを知っている」

「認知は、知識を獲得し、保持、使用するための精神的な機能、つまり知覚、学習、記憶、思考を網羅する。一部の認知プロセスは意識的かつ意図的に実行されるが、ほかのプロセスは無意識かつ自動的に実行されている。さらに、知覚、記憶、学習、思考の暗黙的、無意識的な活動は、それらの明示的、意識的な表現活動から切り離すことができる。無意識的な認識は精神世界における事実のようであり、無意識の認識は意識的な認識よりも強力であり、意識は認識に不可欠ではない、または意識的な認識は本質的に付随現象で

しかないという主張は、長く続いている」

*Kihlstrom（2016）

アンジェラ・ガーニーらは、「無意識の処理は、意識的に経験される精神状態とは無関係である可能性がある」と結論づけており、「無意識の影響に対する感受性は、困難なタスクや精神的な疲労から影響を受けない」と論じている。

要するに気づきを最小限に抑えることがポイント

ヴィセラルトレーニングは、無意識的な思想とも連携している。ゲイリー・フィスクとスティーブン・ハーセはナヴィンドラ・パーサウドとピーター・マクロードの研究を引用しながら、次のように要約した。

「刺激の類似度が高いと、ターゲットとなる刺激の認識が低下し、無意識的な認識が損なわれる可能性がある」

アヤンは、次のように語っている。

「神経学者のソルムズは予測する脳の理論を支持しており、意識的、無意識的な機能における神経学的なベースにほかのアイデアを追加した。フロイトとは異なり、私たちの心はより大きな気づきを求めるのではなく、まったく逆であると彼は主張した。つまり、気づきを最小限に抑えることがポイントなのだ」

さらに彼は、次のように説明した。

「トーキング・ヘッズの『天国は何もない場所であり、何も起きない』(ヘヴン)という歌詞をご存じだろうか? それは脳の理想的な状態であり、エネルギーと時間を節約する。要するに、生存競争なのだ」

複雑なサッカーにこそ「隠されたシンプルさ」が存在している

優秀なサッカー選手は極限まで意識を削減する一方で、矛盾しているようだが試合を最も理解している存在だ。そしてチームと個人にとっての問題を、誰よりも迅速に解決する。これが矛盾しているように見えるようであれば、それは、私たちが意識的な認知の常識に支配されている証拠だ。無意識の認識を理解すると、その矛盾は完全に消えていく。

おそらくアメリカの哲学者ネド・ブロックが1995年に示唆したことと同じようなことが、サッカーの世界でも発生するだろう。彼はこの限定された意識を「アクセス意識」と定義し、アクセスされていない拡張された豊かな主観的経験を「現象意識」と呼ぶことを提案した。サッカーの経験が意識的な能力を超越しているという事実は、誰もあえて議論しようとしない事実だ。これは、スティーブン・ナフマノヴィチが言及した内容と非常に似ている。

「もし私が無理にヴァイオリンを弾こうとすると、失敗する。急ぐと、躓く。自分自身を緊張させたり準備したりする行為そのものが、問題を引き起こす」

ナフマノヴィチは、ここで無意識的なフロー（ある活動に完全に没頭し、集中できるような心理状態）について言及していた。

「認知的に要求が厳しいタスクの状況において、DMNの非アクティブ化は、タスクに関連しない思考（つまり思考がさまようような活動）を抑制することで、目標指向のパフォーマンスを促進すると仮定されている」

*Beaty et al.（2021）

DMNとは、直接的な外部環境を切り離すことで、内的に自らを刺激する思考に集中することであり、それはサッカー選手にとっては不可欠だ。ただし、サッカー選手が外部環境から完全に切り離されることは不可能だ。であれば、それは外部環境の拒否ではない。サッカー選手は極限的な集中状態で、試合と同化していると表現すべきだろう。

「認知的な撤退」は、試合への完全な没頭だ。試合を分析するのではなく、その一部になっている。ヨハン・クライフは「サッカーはシンプルだが、シンプルにサッカーをプレーすることは難しい」と述べ、ペップ・グアルディオラは「シンプルにプレーすることこそ、賞賛すべきプレーだ。シンプルであれば、それはスピーディーでもある」と説明した。

サッカーは複雑であると主張する人と、サッカーはシンプルであると主張する人がいる。それはどちらも正しく、なぜなら複雑なサッカーにこそ「隠されたシンプルさ」が存在しているからだ。

4 「高速認知1」対「高速認知2」

サッカーにおいて「流動的な無意識」という状態でプレーすることがおそらく最も理にかなった方法だろう。ただし、繰り返される刺激によって生じる過剰な「強制された無意識」ではなく、直接的な刺激によって生じる「強制されていない無意識」が求められる。結果として導かれるものは一見同じようだが、プロセスが異なっているので、実際は結果も異なっている。固定観念的で、機械的な高速認知を「高速認知1」とすると、柔軟で適応力があり、独創的で知的な高速認知である「高速認知2」も存在するのだ。

ここで、少し落ち着いて考えてみよう。高速認知2が、高速認知1よりも優れているのはなぜだろうか？　高速認知2はもう片方の認知を内包しているが、高速認知1にはもう片方の認知が内包されていないからだ。

1999－2000シーズンのUEFAチャンピオンズリーグ準決勝についての話をしよう。レアル・マドリーのCHフェルナンド・レドンドが中盤の左サイドに流れてプレーしていたが、それは彼が日常的に得意としているプレーエリアではなかった。しかし、レドンドは対面したマンチェ

図2：「高速認知1」と「高速認知2」

No	無意識	認知	ルート	反復性	トレーニング
1	強制された無意識	遅い認知からの速い認知	意識―無意識	固定観念的で機械的な反復	アナリティック
2	強制されていない無意識	速い認知からの速い認知	無意識―無意識	独創的で知的な反復	ヴィセラル

スター・ユナイテッドの右SBヘニング・ベルグを華麗なドリブルでかわすと、FWラウル・ゴンサレスに完璧なパスを供給した。レドンドは技術的、戦術的な動きにおいて、本職がWGの選手たちが数千時間トレーニングしても実行できないようなプレーを瞬間的に成功させたのだ。

これが高速認知1だったとしたら、おそらくレドンドのプレーは説明できない。彼にとって不慣れな局面を解決するには、柔軟で賢い認知（高速認知2）が必要になる。その認知スピードを極限までスピードアップしたとしても、試合に適応させられない局面は存在する。もし意識を無意識とつなぐルートを確立するトレーニングを実現したとすれば、それは従来の無意識を意識しようとする思想とは逆であり、無意識に問題を解決させることができる。もしアナリティックトレーニングを継続したとすれば、その無意識は強制されたものだ。しかし、流動的な無意識は眠っている。意識と無意識のルートには可逆性がある。つまり、言語化可能で宣言的だ。無意識と無意識のルートには可逆性がない。そして、手続き的な知識は宣言的な知識を超越している。迅速な認知はもともとの情報源に逆流することが難しいが、そのほかの認知よりもスピードに優れる。

固定観念的な繰り返しと独創的な繰り返しの違いについて、トーマス・トゥヘルも間接的に言及している。

「私たちは何百回もの繰り返しに依存しているが、再現には決して依存していない。再現するのではなく、創造するのだ。事前に確立されたスキームやパターンは使用しない」

したがって、私の主観的な観点からは「遅い認知」は存在しておらず、「速い認知」だけが存在している。また、高速認知を情報習得のルートに応じた2種類へ分類することが必要だ。それが、低速─高速（高速認知1）と高速─高速（高速認知2）だ。どちらが自然かといえば、それは後者だろう。高速─高速をトレーニングしないことは、その起源を忘れることになる。人間を現在まで進化させた先祖代々の適応処理を忘れることほどもったいないことはない。2つの認知のうち、どちらをトレーニングする必要があるだろうか？　その回答は間違いなく、両方だ。そのため、ヴィセラルトレーニングはトレーニングの方法を補完するはずだ。

■サッカー選手は非伝統的な脳内の処理をどのように解決しているのか

「一般的な選手」がプレーするとき、彼らは論理的で理性的なプレーをするはずだ。彼らは労働者だが、一方で「芸術的な選手」は驚くべき発想の芸術に身を委ねている。彼らは論理的で理性的なプレーにも対応するが、違っているのは論理の枠を逸脱するプレーも兼ね備えていることだ。もし私たちが論理的な選手になろうとすると、分析的で直線的な判断を下すことになる。もし私たちが芸術的な選手になりたいとき、私たちは本能的で並列的な判断を下している。これは決して、直線的な判断を捨てるというわけではない。これを行うときサッカー選手は、ハードなトレーニングを繰り返すのではなく、豊かなプレーを鍛えるという難題に直面しなければならない。

スティーブン・ナフマノヴィチは、「言葉と楽器、文化は会話している。芸術的な活動は意識的に思考され、それを手によって表現しているのではない。手が我々を驚かせ、問題を解決しながら新しい問題をつくっている。多くの場合、私たちの脳を困惑させる謎は、簡単に、そして無意識のうちに手によって処理されているのだ」と表現している。

言い換えれば、試合前日に用意しておいた台本だけで本番に対応することは難しい。私たちがイメージしていた試合は論理的で、私たちは自分のやり方で試合をつくろうとするはずだ。しかし、試合本番では用意していた台本だけではカバーできないことが発生する。そうなると、私たちはプレーしながらその場で台本を調整していかなければならない。

私が提案する仮説の1つは、海馬はDMNを処理する基本的な領域と見なされており、問題を解決する上で重要な活動をしていることが最近発見されているという事実から、「サッカー選手が、意識的に問題解決をせずに非伝統的な脳内の処理をどのように解決しているのか」を推測できる、というものだ。ミカエル・セケレスを中心とした研究チームの論文も、それを手助けするベースになっている。

「後部海馬は後部新皮質の空間的、知覚的表現機能に接続されており、知覚的な情報に富んだ記憶を細かく手助けしていることが発見されている」

スタニスラウ・フリボスキの研究では、次の2つを発見している。

「海馬の縦方向のサブ領域は、要素、空間、連想記憶のデータ変換と検索に関与している。さらに、私たちの調査結果は、空間学習中の海馬の活動には、前部から後部への勾配が存在することを発見している」

ほかに考えられる可能性は、両タイプの脳処理の統合を受け入れるものだ。ヨハネス・ゴルチャートらが示唆するように「探索している状態の意図性は制御ネットワーク間の統合に依存し、初期設定では、より大きな熟考はこれらの機能間のより大きな統合に関連している」。この統合的視点は、デヴィッド・ヴァゴとファデル・ゼイダンによっても支持されており、彼らは次のように主張している。

「マインドフルネス（メディテーションを通じた脳と心の休息法）と探索している状態は反比例の関係ではなく、プロセスとネットワーク間の巧みな切り替えがマインドフルネスの微妙な特徴づけに関与している可能性がある」

後者は特に、サッカーにおいても妥当性がありそうだ。マインドフルネスと探索状態は、関連しているように思える。アンナ・ルチーニらは次のように、結論を提示している。

「この発見は、脳の機能的ネットワークの核が脳の無意識の部分にあり、以前に考えられていたような意識状態にはないという点で、意識の理論モデルに制限を課している」

知覚と意思決定のすべてが完全な意識下で発生するわけではない

シモーネ・キューンとマルセル・ブラスは、人々は「自分自身の認知プロセスにアクセスできると信じ続けているが、実際には意識的な知覚が起こる前に大量の自動的な無意識の処理が行われて

図3：神経構造の階層

神経構造の階層	4次	意図的な評価、精神的なリハーサル？	意識的な意識	遅い思考	認知
	3次	迅速で限られた選択肢の診断？	前意識的な意識	速い思考	無意識―意識
	2次	本能と経験則？		速い思考、もしくは思考していない？	無意識
	1次	暗黙的な認知―行動のカップリング？		思考していない	

いる」ことを示唆している。ここには、2つの非常に明確な学説が存在する。ロイス・アイゼンマンの言葉を借りると、「一部の認知科学者は、意味の創造はすべて意識下で必然的に起こると信じている。対照的に、ゆっくりとしたペースで作業する傾向がある研究者は、無意識の認知が単純で抽象的、象徴的な活動を行うことができることを示している」ということだ。どちらにしても、実生活やサッカーにおいて「知覚と意思決定のすべてが完全な意識下で発生するわけではない」ことは否定できないだろう。

オバダ・アル＝ズビと共同研究者は、この問題にさらに光を当てている。

「意識的な知覚は、大規模なネットワークの遅い起動と相関している。さまざまな脳領域が活性化されると、意識的に知覚された刺激は、知覚されていない刺激から約200〜300ミリ秒だけ発散する。無意

識の刺激は大脳皮質を局所的に活性化させる。また、意識は、皮質の中央領域の活性化に関連している。前頭前野や頭頂部などの中央領域は、意識的な知覚を伴うタスクで活性化されることがよくある」

意識的な経験とその限界、無意識の経験とその範囲は、何世紀にもわたって論争の対象となっており、決定的な結論に至るのはまだまだ先だろう。ライアン・ケリーらは、いくつかのレベルを定義している。

「1次、2次、3次の意識レベルは前意識的な状態だ。定義されているように、回路にはこの処理がまだ意識に達しており、『何かのように感じる』ことを示すものはない。しかし、この階層的な神経の基本設計は意識的な認識に必要となり、根底にある回路の選択は感覚刺激の主観的な認識を妨げている」

サッカーは「大脳皮質の魅力」から逃れられないのか

前頁の図3は、ケリーらの定義に各研究を当てはめたものだ。

サッカー選手は、試合の各瞬間において、前意識または無意識のどのレベルにいるのだろうか？

レベルを厳密に定義することは難しいが、無意識においてケリーらが定義した異なるステージが存在していることは明らかだろう。サッカー選手の脳内で何が起きているのかはまだ解明されていないが、推論の精度は上がっている。ヴォルフガンク・シェルホルンらの研究では、ディファレンシャルラーニング（DL＝次々と動作を変化させる以外に同じエクササイズを繰り返し実施しない、修正を促すようなコーチングをしないことで選手自ら発見することを促す）とコンテキストインターフェアレンス（CI＝意図、状況、環境などを妨害、邪魔をする状況干渉）の効果について解明している。

「DLとCIを行ったあと、脳のさまざまな領域が活性化されている。CIの効果に関する神経生理学的研究は、一次運動野と背外側前頭前皮質（DLPFC）が活性化されることを示している。DLPFCの活性化により、実行制御が認知プロセスに加わることになる。本研究の結果は、これまでの仮説と一致している。我々は高周波（HF）後に前頭領域のガンマ周波数帯域が活性化していることを発見した。これは、実行制御が損なわれていることを示している。それどころか、この結果は運動および体性感覚情報の処理がDLで重要な役割を果たしている一方、前頭皮質の活性化がシータ周波数の増加に向かって負の方向に調節されていることを示している。さらに、段階的DLとカオス的DLを比較してテストされた確率的変動のレベルは、体性感覚領域と運動領域の活動を調節して、カオス的DLではこれらの領域の活性化が増加していた。最近の研究では、前頭皮質活動の減少は、歩行に対する体性感覚受性の増加の結果であることが示された。また、追加の議論は、認知的に制御されたプロセスに対する有酸素運動の効果に関する研究で、その後テストされた一時的な低い前頭皮質活動の仮定から導き出される。主な理由の1つは制御された認知処理が継続的な総運動活動中に減少することだ。この効果は、運動中の視覚、体性感覚、および運動領域の開放的な刺激によって引き起こされており、前頭皮質の代謝プロセスを犠牲にすることで、脳のこれらの領域に代謝リソースを割り当てることを可能にしている」

彼らはまた、次のように述べている。

「タスク後の効果として、CIとDLで特殊な周波数を示した。過去の研究は、反復トレーニングと比べて、変数（処理の中で値を入れたり取り出したりできる箱）が生じるCIとDLにおけるトレーニング手順のほうが運動学習率を高めることを示している。CIとDLのタスク後の脳波における脳活性化パターンの違いは、運動学習の増加に寄与している異なる神経情報処理経路を示す。ガンマ活性化は選択的注意（さまざまな情報が渦巻くような環境条件下において、その個人にとって重要だと認識された情報のみを選択し、それに注意を向ける認知機能を指す概念）処理で発見されることから、CIにおける手順の構造は、厳密な実行制御処理によって特徴づけられる運動学習性を強化すると主張している。対照的に、DLにおける頭頂部、中央のシータ、アルファ活動の増加は、体性感覚と運動情報処理が運動学習の初期

図4：意識的なプロセスと無意識的なプロセス

意識的なプロセス	何が中央にあるのか？	無意識的なプロセス
皮質系	サッカーにおいて左と右はどのくらいの割合で適用すべきなのか？ もしくはどのようにこれらの境目に位置しているのか？	辺縁系
TPN		DMN
集中した思考		さまよう思考
タスク指向のネットワーク		神経系のネットワーク
前頭皮質ベースの実行機能		辺縁系ベースの実行機能
遅い思考システム2		速い思考システム1
執行的なインテリジェンス		生成されたインテリジェンス
冷たいシステム		熱いシステム

段階において重要な役割を果たすことを証明した。CIや反復トレーニングと比べて、DLにおける手順のほうがモダリティ（運動、視覚、触覚など）の感覚統合を大幅に改善する。したがって、シータ活動の増加がDLの多感覚統合と相関しているということだ」

シェルホルンらは次のように結論づけている。

「本研究の結果は、CIとDLにおけるトレーニング手順が脳波活動に与えるトレーニング直後の顕著な効果を明らかにしている。CIのあと、前領域で

ベータとガンマ活動が増加し、段階的DLとカオス的DLのあと、シータとアルファ活動が増加した。さらに、カオス的DLのあと、中枢、頭頂部のアルファ活動は、段階的DLよりも増加していた。これらの研究結果は、CIとDLの運動学習の初期段階における異なった神経プロセスを示唆しており、CIでは実行的認知制御処理、DLでは体性感覚と運動情報処理の統合が行われていることを示している」

この研究は、私たちが多様なメニューを実行したときの成長を示している。それだけに、実行時に何が発生しているのかを解明することが、次なる課題となるだろう。TPNとDMNの境目にあるこの既存の二重性は、前頭皮質ベースの実行機能や大脳辺縁系ベースの実行機能など、そのほかの二重性にも拡張されていく。

要するに、より自然的に増加されていくトレーニングと合理的に減少されていくトレーニングを組み合わせた方法論で、サッカー選手が賢く本能的、直感的な選手になることを助ける効果的な共生を構築していかなければならない。伝統的なトレーニングは「教えることによって教える」が、ヴィセラルトレーニングは「教えないことによって教える」。伝統的なトレーニングは指導者の活動を重視しているが、ヴィセラルトレーニングは選手の活動を重視している。

本章の結論として、サッカーは大脳皮質の魅力から逃れることは難しい。一方で、サッカーは大脳皮質の魅力から逃れようともしている。ヴィセラルトレーニングは大脳皮質の魅力を回避する1つの方法だ。

5 TPN・DMNネットワークの戦術的・戦略的な価値

「真実は、ピッチの真ん中からPKスポットまで歩いてくることは非常に難しい状況であり、多くの思考があり、責任は通常キッカーにあるということだ」

――セバスティアン・ソサ（ウルグアイ人GKで、PKストッパーとして活躍）

選手をトレーニングし、意識的ではなく無意識的にプレーさせられるようにする一方で、競争しなければならない相手には逆の効果を引き起こさなければならない。それは対戦相手を研究する指導者が直感的に生涯やってきたことだろう。指導者は、相手チームの習慣的な自動化、パターン、行動を打破しようとする。対戦相手の目標、選手またはそのチームのリズムを変えることで、TPNベースの意識的な脳処理に彼らを導くことで、自然で流暢な認知のパターンを妨害できるということだ。

医学博士のファイト・ヴァイルハンマーは、次のように説明している。

「曖昧な感覚情報によって引き起こされる知覚の競合を検出する上で、下前頭皮質は重要な役割を果たしている。基本的に、前頭前皮質による知覚の競合を検出することは、曖昧な感覚情報を明確な意識的経験に変換するプロセスのベースになることが判明した。これらの調査結果は、下前頭皮質が知覚的曖昧さの解決に積極的に貢献していることを示している。したがって、前頭前皮質は、意識経験の内容の決定に因果的に関与している」

対戦相手に曖昧さを与えるほど、前頭前皮質の下部が関与することになり、意識的な活動が増加する。そして意識が求められるほど、流動性が低下する。対戦相手は、それを解決するためにより複雑な認知リソースにアクセスする必要があるため、スピードが低下していく。もちろん、そのシナリオを対戦相手に提供する場合、自分たちの選手に影響を与えないような注意も必要になる。トーマス・トゥヘルはチェルシーの監督時代、マンチェスター・シティとのFAカップ決勝を前に次のようにコメントした。

「基本的なルールがある。選手が緊張しているときや重要な試合の前には、選手に伝える情報はできるだけ少なくすることだ」

トゥヘルの意図について、考えてみよう。新しい情報を与えないことで、認知機能は複雑化されないので、選手は高いレベルの自動化と直感をベースに自分自身を表現することが可能になる。新しい情報は、選手たちに意識的な対応を強制する。そして意識的な対応は、彼らのスピードを遅くしてしまうリスクがある。決勝戦を前にそのようなリスクを望む指導者などはいないだろう。

選手がフロー状態にあるとき、彼らは試合に深く没入しているので、試合にも速やかに復帰しようとする。その流動的な状態は、ほとんど無意識のうちに試合への没入を助けるのだ。逆に選手がフロー状態になく、相手がフロー状態になっているときのことを考えてみよう。選手は試合が中断されたとき、その中断を可能な限り長引かせようとする。それは自分たちにとって有利ではない精神的、感情的な状態を断ち切ろうとしているのだ。

決められたパターンを破ることの意味は、相手との駆け引きだけではない。試合が要求する要求とは両立しない脳処理のネットワークに彼らを導くために、相手を考えない状態から引き離して、相手に考える状態を強制する。

プレッシャーがかかる試合の決定的な瞬間に見られる「窒息」

エティエンヌ・ケクリンらによれば、「前頭前野の領域は、より複雑で時間的に分散した情報の統合を必要とする動きのパフォーマンスを制御する。この研究は、行動の一時的な組織化における前頭前野の重要な役割を裏づけている」。

戦略的に考えれば、「私たちは相手を無意識から連れ出すことで、相手を可能な限り意識的にする」ことがポイントだ。そして、それによって私たちは相手を処理の遅い選手、チームに変えてしまう。神経科学の研究は、注意する必要性が高いほど、初期設定の神経系ネットワークにおける非活性化が大きくなるという考えと一致している。一方、注意を向けたいという欲求が強いほど、瞳孔の直径が大きくなる。

スティーヴ・アヤンは、次のように述べている。

「自動化されたプロセスは心の中で中心的な役割を果たしており、事象が発生したとき迅速かつ正確に予測できるようにしている。学習、経験、および意識は、暗黙的に無意識の予測精度を常に改善し、予測が失敗した場合にのみ事象に注意を払う。つまり、注意を払うに値する状況に気づくようになっていく。この自動性により、私たちはスムーズに活動することができ、予測が失敗したときに気づくことで、自動処理の落とし穴を回避し、環境の変化に適応することができるのだ」

サッカーでも、まったく同じことが起こっている。研究者のマックス・スラッタ一らはＰＫキッカーを研究し、次の結論に至った。

「研究結果は、選手がパフォーマンスに対する不安にかられていないときに、タスクに関連する脳領域である運動皮質がより活性化されたことを示している」

しかし、彼らが発見したもう1つのポイントこそが本章と深く関係している。

「経験豊富な選手が不安を感じたとき、左側頭葉の活性化が増加した。これは、状況について過度に考えることで、自動化されたスキルを無視したことを示している可能性がある。プレッシャーや不安によるパフォーマンスの低下は、多くの場合、『窒息』と呼ばれる。これは、プレッシャーがかかる試合の決定的な瞬間に見られることが多い」

強烈なプレッシャーがかかる状況下での「窒息」は、「オートフォーカス理論（Baumeister, 1984; Hill et al, 2010; Roberts et al, 2017）」によって説明されるケースが多い。オートフォーカス理論は、不安やプレッシャーが自己認識レベルを高め、その結果としてスキルの実行をより意識的に監視または制御し、「窒息」を引き起こすことを仮定している。これは、過度のプレッシャーが自動現象の弱体化を引き起こし、スキルの実行に過度な注意が求められることを意味する。

スラッターらの研究者はまた、「『窒息』を引き起こした脳内で前頭前皮質が活性化するのは、気をそらそうとしているためだと考えていい」と主張した。同じように、マーク・ソルムズとカール・フリストンは、「予測の失敗は驚きに等しく、驚きは自制心に等しい」と論じている。物事が思いどおりに進まないとき、私たちは意識を獲得し、脳が無意識の状態を制限してしまうのだ。

図5：自チーム・相手チームの無意識プロセス・意識プロセス

	相手チームが無意識プロセス	相手チームが意識プロセス
自チームが無意識プロセス	試合的なプラスはない	試合において最も有利になる
自チームが意識プロセス	試合において最も不利になる	試合的なプラスはない

相手チームを「意識させる」ために自チームは妨害しなければならない

監督としては新人だったトゥヘルがマインツを率い、ペップ・グアルディオラのバイエルン・ミュンヘンと対戦したとき、彼は選手のポジションを変えながらグアルディオラを驚かせた。しかし、前半は1対0で折り返したが、後半はバイエルンが真価を発揮して1対4というスコアで終了した。認知的葛藤はバイエルンを混乱させるほどに強くなったが、90分続くことはなかった。

アヤン、ソルムズとフリストンの定義は、前記のすべてと一致している。すべてが期待どおりに機能し、流れている限り、意識は介入しない。だからこそ、相手チームが「無意識的で自然な状態」でプレーすることを妨害することには意味がある。サッカーでは予測の失敗を解決するために調整することは可能だが、相手チームが調整に費やさなければならない時間は試合上の利益になる。つまり、試合の戦術的な精緻化は双方向的に非常に重要だ。自チームは可能な限り、無意識な処理を維持しなければならない。一方で、対戦相手に意識させるために妨害しなければならないのだ。

私は指導者としてのキャリアの中で一貫して、試合に介入することに賛成だ。その介入は戦術的だが、最終的には精神的なものだ。駒を動かして自分たちの流動性を維持し、駒を動かすことで相手を機能不全にすることが可能だからだ。自分たちの流れをつくれば相手を妨害できるし、相手を妨害すれば自分たちの流動性を解放できる。

1 自チームがフロー状態になっているとき、指導者は介入せずに継続させる。介入する場合、その目的はフロー状態の拡大だ

2 自チームがフロー状態にないときは、何度も介入する。再び介入する必要があるかどうかを確認するために、迅速に介入の効果を把握する必要がある

3 相手チームがフロー状態にあるとき、それを止めるために介入する。その流動性を破壊するには介入が不可欠になる

4 相手チームがフロー状態にないときは、介入せずに継続させる。もちろん注意を払っており、相手チームがフロー状態に戻る可能性があることに気づけば介入する

これにはすべて、指導者の特別な感受性が必要だ。これはすべて科学的な判断をベースにしているのではなく、指導者の直感、試合を知覚する感受性に基づいている。指導者は何千のシグナルを認知し、介入すべきかどうかを決断する。私はハンドボールの指導者として、ディフェンスとアタックの両方でフロー状態を作り、同時に相手のフロー状態を止めた経験がある。そのとき、5人の選手を一気に交代することで試合の流れは一変した。

「無意識から意識への移行」は意識から独立できない

近い将来に技術的な革新によって、特定の瞳孔測定または可動瞳孔測定の分析から、サッカー選手の脳内プロセスについてより多くのことを学ぶことができるようになるだろう（許容可能な認知負荷に反映し、瞳孔径が増加する）。これによって、認知負荷の違いを特定することが可能になる。なぜなら、ある選手にとって認知的に対立する可能性があるものが、ある選手にとっては反対である可能性があるからだ。例えば、「守備的な選手」の場合、相手のプレーを予測する認知には慣れているかもしれない。一方で、パスを通過させるルートを発見することが認知的に困難な場合がある。これにより、トレーニングの認知負荷を個別化することが可能になるだろう。ここで、心理学の父の1人であるカール・グスタフ・ユングの言葉を決して忘れてはならない。

「ある人にぴったりな靴は、別の人にとっては小さい」

戦術に関係する特定のアイデンティティを阻止し、選手の技術的、戦術的な特定の行動を防ぐことは、効果的に試合をするために不可欠な脳のプロセスに影響を与える。このことからも、プレーのバリエーションが多いほど、相手からの妨害を受けたときの違和感が少ないと考えられる。同じように、アイデンティティが強いほど、そのアイデンティティが困難に直面したときに解決しなければならない問題が増えてしまう。

このような理由から、ペップ・グアルディオラやディエゴ・シメオネのような指導者（アイデンティティが明らかに異なっていても）は、チームそれぞれのアイデンティティの実装において、時間をかけて多様性を追い求めてきた。これと同じ理由で、レアル・ソシエダのスポーツディレクターであるロベルト・オラベは、「私たちは自分たちのアイデンティティをポゼッションだと考えているが、あらゆる状況に適応できるように選手たちをトレーニングしている」と断言している。

原則として、対戦相手に提示する戦術的なアイデアが挑発的で驚くべきものであればあるほど、無意識に脳の処理を悪化させる。これにより、方程式が完全に変わる。もはや相手の思考を止めることは目的ではない。私たちが相手チームに考えてほしいと思う方法で、相手チームが考えることを余儀なくされている状態になることが理想だ。試合中に「自制心」を働かせる必要があるため、無意識よりも意識的な思考になる。そして最大のポイントは、この「無意識から意識への移行」が意識から独立できないということだ。相手チームの指導者が彼の試合プランによって私たちを挑発し、前頭頭頂領域を活性化することで私たちの意識的な注意を強制したとき、すでに問題が発生している。

指導者は、チームをフロー状態で機能させるためにスターティングメンバーばかりに集中しがちだ。しかし、トレーニング時からサブメンバーの「選択圧（イギリスの自然科学者チャールズ・ダーウィンが体系化した生存率に差をもたらす自然環境の力）」によって、スターティングメンバーの脳に負荷をかけることも求められてくるだろう。スターティングメンバーはサブメンバーの選択圧によって初めて、試合で避けることのできない環境への真の適応が実現することになり、試合が真の義務を果たすことのできる場所となるのだ。

すべての背景を促進することは無意味だ。なぜなら試合においてそれらの背景が反対方向に働くとき、それらは促進されないだけでなく、妨げられてしまうからだ。そのため、フロー状態への障害が脳の不要な処理につながるものである場合、トレーニングでこれらの障害を繰り返し経験する必要がある。その適応によって、障害が障害でなくなり、明らかに不利な状況に直面しても、フロー状態を維持することができるようになるだろう。アナリティックに意識から無意識に移行する代わりに、無意識の処理を維持する必要があるのだ。

6 計画と直感

マルセロ・ビエルサは、次のように明言している。

「綿密に計画するチームが勝つこともあれば、即興的に本能に従って反応するチームが勝つこともある。これは明らかに、どちらかが優れているわけではないことを示している」

ホルヘ・サンパオリも、次のように告白している。

「私は事前に計画することを嫌っており、計画をしない」

ファン・カルロス・オソリオ（メキシコ代表などを指揮）は、それらの主張を次のようにまとめている。

「優れた計画とは最高の結果を望むことだが、一方で最悪のケースを考えることだ」

排他的になることには、意味はない。我々に求められるのはそれぞれの長所を1つに凝縮し、最も必要とされる試合の局面にそれぞれを適用することだ。即興によって勝つこともあれば、計画によって勝つこともある。だからこそ、即興と計画を使い分ける必要がある。

スティーブン・ナフマノヴィチは、次のように断言している。

「意識的な計画が欠如しているとき、私たちの演奏がランダムだと考えるのは誤解だ。即興には、先天的なルールではなくても、常にルールがある。私たちが自分の個性に忠実であるとき、実際には非常に複雑なデザインに従っているのだ」

本能的な直感によって、生き残ることもある。2004年にタイを襲った津波では、スイス人旅行者32人の命が救われた。彼らは数分前まで歩いていたが、象の背中に乗ることで津波を逃れたのだ。津波の15分前に本能的に危機を察知した象たちは飼育員に従わなくなり、32人のスイス人がいた丘の頂上へ歩き始めた。沿岸地帯で報告された587頭の象は、本能によって生き残ったのだ。津波の専門家は16万人の人間を救えなかったが、象たちは自分自身や仲間だけでなく、数人の人間を救うことに成功した。人間は地球上で最も賢いというが、その知識を上回る本能に救われることもある。そして、人間にも強い本能が残っているはずなのだ。

機能の自動化は柔軟な対応を奪う

サッカーというスポーツでも、津波が起きたときのように理性的な思考よりも本能に従ったほうが良い結果を招くことがある。100年以上前、カール・グスタフ・ユングは、「高度な意識は、本能と無意識の貢献を活用する手段を現代人から奪った」と主張していた。サッカーのトレーニングはユングの思想をベースに生まれたが、発展していくにつれてユングの思想から離れていった。そして今こそ、この思想に戻るべきなのではないだろうか。我々が今、考えなければならないのは津波のような異常事態がサッカーでも発生するということだ。

例えば美しくデザインされた「サリーダ・ラボルピアーナ（攻撃の組み立ての際にCHがDFラインに落ちる、アルゼンチン人のリカルド・ラ・ボルペが発案した戦術の形）」が強烈なプレッシャーと予想外のパターンによって破壊されることもある。そのような状況下で、選手たちは計画どおりに対応することは難しい。迅速に予想外の状況を脱するとき、どうしても本能に頼らなければならない。マイク・タイソンは伝説的なボクサーだが、「顔面にパンチが当たるまで、全員が何かしらを計画している」と述べた。

2020年8月、マンチェスター・シティがレアル・マドリーを破ったUEFAチャンピオンズリーグの試合を思いだしてみよう。シティのプレッシャーは、マドリーが明確に示していたすべての統合されたパターンを歪めていった。シティはCB（セルヒオ・ラモスの不在も決定的な要因になった）、

SB、カゼミーロを台本外での解決が求められる状況へと追いやり、通常とは違うプレーを強制した。ラヒーム・スターリングとガブリエウ・ジェズスはそれぞれミリトンとラファエル・ヴァランにプレッシャーを強めることで、マドリーのCBがSB（ダニ・カルバハルとフェルラン・メンディ）を使う通常のパスルートを封じた。同時にフィル・フォーデンがカゼミーロを徹底マークすると、マドリーにミスが増えていく。CBはSBや中盤にボールを供給するルートを断たれ、混乱に陥ったのだ。

マドリーは自動化されたパターンで解決策を見つけられず、直感的な解決策も見つけられなかった。機能の自動化には、弊害もある。それは時間を削減するが、柔軟な対応を奪うのだ。自動化は選手の判断を高速化するが、彼らを賢くしているわけではない。指導者が分析に過度に依存していることも、因果関係における直線的で還元主義的な兆候だろう。

学習は行為と場所から切り離すことはできない

このような状況に、ヴィセラルトレーニングはどのように介入するべきだろうか。アナリティックトレーニングで自動化されたアウトプットを構築したあと、ヴィセラルトレーニングで、これらの自動化されたアウトプットを複雑にする。自動化を妨げる状況を追加することで、試合で何が起こるかをトレーニングで予測してテストする必要があるのだ。

例えば、次のような手法を考えてみよう。

❶自動化されていた機能が禁止される状況を指示によってつくり出すこと

❷ヴィセラルトレーニングでは5対5や5対4など実際の試合状況でプレーすることに加えて、ディフェンシブジョーカーが追加される。彼らがパスルートを妨害することで、パターンを変更しなければならなくなる

❶では、禁止されることはランダムで、選手は意識的な決断を下す必要がある。❷では、そのパスルートを使えるかというのは「環境からの刺激」によって決定されており、それが判断の引き金となる。認知心理学の多くが意識的な精神生活に焦点を当てたままであり、行動を形成する上での環境の役割にはほとんど言及していないと主張されていたとき、脳科学研究者のドゥアルテ・アラウホとキース・デイヴィッドはすでにそれを非難していた。

自由な意思決定と機械化については、ホルヘ・サンパオリ（セビージャの監督時代）とホルヘ・バルダーノの会話を引用すべきだろう。

サンパオリ「例えば、私が犯した多くの間違いは、選手たちに文字どおり伝えたことだ。先日レアル・マドリーと対戦し、彼らがどのように私たちにプレスをかけてくるかを考慮し、対策しようとした。しかし本来は私たちではなく、相手のプレス強度によって定義されるプレーレベルへの適合が必要だ。先日マドリーが変わったように、彼らはまた変わることができる。その場合、事前に修正することは難しい。求められるプレーが自動化されていると、言い訳が簡単になる。そして、決断力が失われるだろう。つまり、私たちが取り戻そうとしているのは、指導者ではなく、サッカー選手の指導者だ」

バルダーノ「つまり、サッカー選手にはピッチ上で思考する自由を与えなければならないということだろう」

サンパオリ「常にそうだ。もしそれがなければ、彼らは何かを創造することができない」

バルダーノ「今、我々がやっているのは考えさせないようにする教育だ。現代サッカーは自動化されており、どのようにするかを考えさせる前に過去に学んできたことを忘れさせようとしている」

サンパオリ「100%同意する。だからこそ、私はフアン・マヌエル・リージョに助けを求めた。彼は『選手が決めなければならない』と断言する勇気がある男だ。もし『マルセロが左サイドから攻撃してくる』と考えなければならない場合、どうやって対応すべきだろうか？　それは、試合の要求によって変わる。それを解決するにはさまざまな方法が必要になる。今は、サッカー選手にはそれぞれの特色と解決策があり、最終的には私が決定しないため、選手を対話者としていくつかの決定に参加させることも可能になった」

サンパオリと同様に、カール・ウッズの主張も社会人類学者のティム・インゴールドの研究とエンスキルメントの概念（学習は行為と場所から切り離すことはできない）によって後押しされている。

「情報源は（選手のパフォーマンス能力とともに）絶え間なくダイナミックに進化している。つまり、トレーニングを受けた選手は行動を事前にプログラムすることはできないが、プレーするたびに環境の予測不可能性を理解し、絶えず変化する環境に適応し、反応する必要がある。インゴールドが要約しているように、『地形の達人は、先の道を明らかにする兆候を待つ必要があるが、それがどこにつながるかはわからない。追跡の達人であるハンターは、動物が現れるのを待たなければならない。船員は、風が吹くのを待たなければならない』。したがって、高度な経験とトレーニングを積んだサッカー選手、クリケット選手、ゴルファーは、世界をよりよく表現できる人間ではなく、目標達成に向けた行動の規制を手助けするために使用できる特定の情報と調和している個人になるだろう。つまり、エコロジカルアプローチ（トレーニング自体に制約を設け、制約を変えながら選手の適応行動を引き出す）の論理で高度な能力を持つ個人は、進化における行動能力と環境におけるパフォーマンスの可能性との間で機能的な適合を確立している。したがって、指導者や経験者の役割は、規範的な指示や継続的なフィードバックを通じて誰かの問題を解決することには限らない。むしろ、パフォーマンスと行動の可能性についての知識を開発するのを助けることだ」

自動化されたルートとより直感的なルートを共存させる方法

ヴィセラルトレーニングは、指導者を支援するために生まれた。サンパオリが表現したように、彼は「魔法の杖」で選手を自由に動かしたいとは考えていない。その代わりに選手が自発性を持つことを望んでおり、その支援を望んでいる。現代サッカーが到達した自動化のレベルは、もはや限界に近づいている。しかし、自動化と自動化の対決は、やがて終わるだろう。反復的な動きを破る自発的な動きで試合に価値を見出す選手に、自動化を極めたチームは苦しめられるはずだ。

私が、著書『ペルドン・ビラルド、ペルドン・メノッティ（ごめんねビラルド、ごめんよメノッティ）』で説明した内容を振り返ってみよう。私はパスから収集されたデータに基づいて、「2018年のロシア・ワールドカップでブラジルを倒す方法」を考察した。ネイマールから主にボールをもらうのがコウチーニョで、ネイマールへの供給を得意とするのがフィリペ・ルイスなので、まずフィリペ・ルイスがボールを持っているときはコウチーニョを妨害する。また、ネイマールがボールを持っているときにコウチーニョへのパスコースを消しながらネイマールを妨害する。この目的は無意識的に自動化されたパターンを妨害することで、「戦術的な苛立ち（得意のコンビネーションが使いづらくなる）」と「心理的な苛立ち（パスを出したい選手に出せず、慣れているパターンが使えなくなる）」を誘うことだ。もちろん、ほかの手段で同じ目標を達成することも可能だ。

例えば、近距離での警戒方法を変更することだ。ネイマールがボールを持っている場合はコウチーニョを封じ、フィリペ・ルイスの場合はネイマールを妨害したと仮定しよう。これは同じように見えるが、大きく異なっている。最初のオプションでは、「パスを封じられている」が、2番目のオプションでは1対2の可能性が非常に高い状況で、「味方にパスをするかどうかを判断して決定する」必要がある。形式は異なるが、目的は同じだ。これも「戦術的な苛立ち（得意なプレーが最良の選択なのかわからない）」と「心理的な苛立ち（パスすべきかどうかを精査しなければならない）」を誘う。

　フィリペ・ルイスからネイマールへのパスを阻害することには、何の意味があるのだろうか？　例えば、ほかのルートを試すことも可能だ。しかし、そのルートは状況を完全に悪化させる。フィリペ・ルイスがネイマールにボールを渡せば有利な状況にあるのに、ボールを渡すことができなかったとしたら、それは馬鹿げているからだ。一方、より現実的で本能的な制約があるとき「パスを出せない」ということもある（選手は状況に合わせて無意識に決断を下しており、指導者の命令で調整された意識的な決定を行っていない）。つまり、「パスが出せるかを正しく判断し、パスしなければならない」状況を作るのだ。

図6：11対13

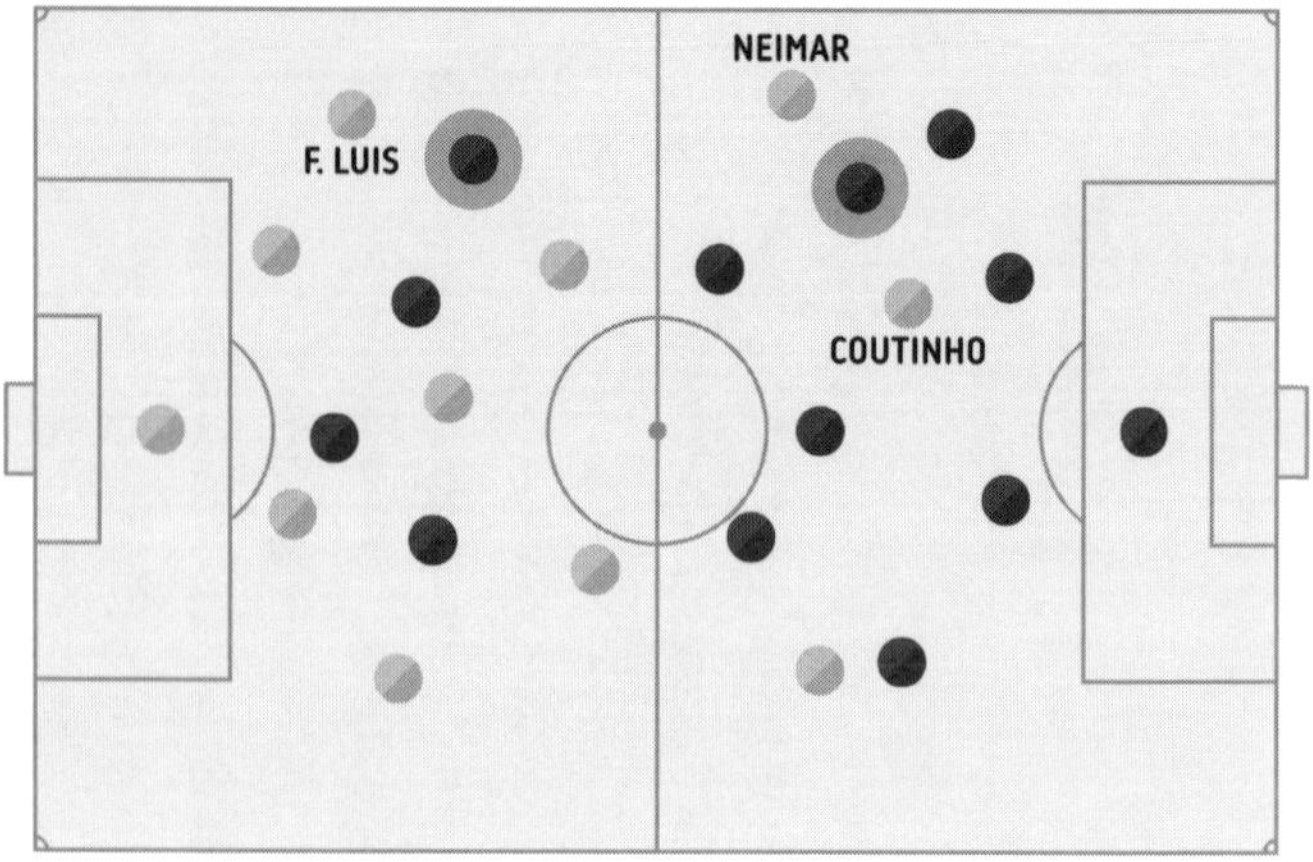

提案1

11対11の試合に、2人の守備的な選手を追加する。その2人は動きを変化させながら、ランダムにネイマールとコウチーニョへのパスコースを阻害していく。フィリペ・ルイスとネイマールは認知的葛藤に苦しみ、新しい選択肢と可能性の探求に対してより柔軟になることが期待される。この試合はほかの9人にとっては標準的だが、フィリペ・ルイスとネイマールにとっては（難易度が高いため）ヴィセラルトレーニングとなる

図7：11対14

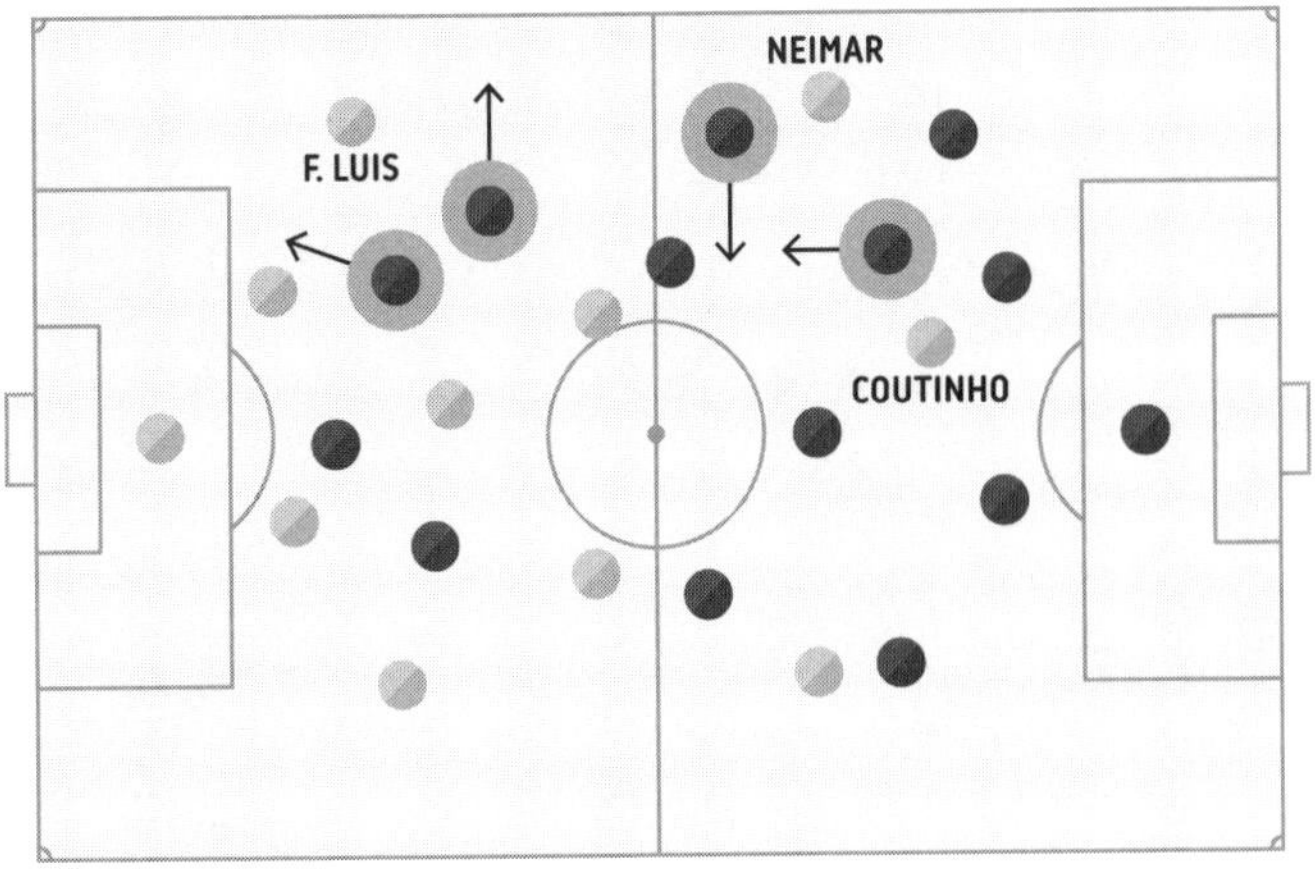

人の動き

提案2

フィリペ・ルイスとネイマールの両方にとって、2番目に優先されるパスルートを阻害する。11対11の試合に4枚の守備的な選手を追加することで、フィリペ・ルイスが頻繁に使用するパスルートの両方に2枚、ネイマールが頻繁に使用するパスルートの両方に2枚の選手を用意する。この試合はほかの9人にとっては標準的だが、フィリペ・ルイスとネイマールにとっては（難易度が2倍になるため）負荷の高いヴィセラルトレーニングになるこのパスルート阻害は、ランダムである必要がある。ネイマールやフィリペ・ルイスがパターンを予知してしまっては、このトレーニングに意味はなくなる。コウチーニョが使えないとなれば、このトレーニングは簡単になる。使えないかを判断することに、意味があるのだ。選手は、自動化されたルートとより直感的なルートを共存させる方法を学ばなければならない。自動化されたルートをトレーニングするのは従来的な手法でも可能だが、本能的、直感的な判断をトレーニングするのは簡単ではない。

「コンセプトのプレー」と「状況のプレー」の違い

ここにもう一つの盲点がある。ヴィセラルトレーニングでは自動化されたメカニズムを経験することが可能だが、自動化されたトレーニングで本能的、直感的なプレーを奨励することは難しいのだ。相手が我々に変化を強要してくる局面では、選手たちは変化を厭わない。なぜなら彼らは予測不可能で、不確定で、ランダムで、非線形な変化に備えているからだろう。アナリティックトレーニングを活用する指導者や行動が閉ざされたモデルを再現しようとする指導者、または多様性をほとんど排除しようとする指導者は、「完璧なプレーを構築する」という健全な意図でトレーニングをデザインしている。その多くの場合、選手はドリルを学ぶ。だが、それで試合を学べるのだろうか？

ファン・マヌエル・リージョが言うように、彼らは指導者として自分たちだけが知っていることを教えようとする。

「人間は自分の知っていることを独裁する。だから私は、自分が知っているものに似た現実を必要としている」

予測不可能、非線形な要素を排除することで完璧なプレーを目指そうとするアプローチには限界があり、試合ではルールから外れた事象が発生してしまう。そのため、その「完璧な道」を辿ることも可能だが（私たちは皆、物事が思いどおりに進むことを望んでいるため）、同時に試合の中で発生する膨大な量のランダムな機会を活用する柔軟性を彼らに与える必要があるのだ。トレーニングセッションは、指導者のアイデアや意図を狙うだけでなく（ヴィセラルトレーニングでは、アイデアを加速させる迅速な認知を求める。つまり、トレーニングのアイデアを倍増させる）、反対のことも行う必要がある（ほかの人のアイデアに屈しないように、適応を求めることで不利な状況への適応能力を増加させる）。

指導者のアイデアや意図だけに偏ると、トレーニングはもっぱら「コンセプトをプレーする」ことになるが、より多くのアイデアや意図（特にその予測不可能な要素）に適応すると、「状況をプレーする」ことができるようになる。ここでは、元アルゼンチン代表MFダリオ・フェルナンデスの発言についても考えるべきだろう。

「選手には、十分に『道具』が与えられている。試合の状況を解決できるようにリソース

を取得し、発展させる状況の整理が難しいのだ。非常に多くの道具が与えられ、機械工や大工がますます増えている。しかし、サッカー選手の数は減っている」

コンセプトを重視する場合でも、常に選手たちがコンセプトどおりのプレーを実行できるようにするためには知覚的な情報が必要だ。ヴィセラルトレーニングを経験することでレベルアップする知覚は、「状況をプレーする」ことを促進することに加えて、間接的に「コンセプトをプレーする」ことも促進する。

忌むべきなのは「状況から切り離されたコンセプト」

状況とコンセプトについての議論は尽きないが、コンセプトを知らないという失敗は避けなければならない。なぜなら、ハンドボールの指導者時代に、私は知識の欠如に苦しんでいたからだ。格上のチームが、「ダイナミックブロッキング」というコンセプトを利用して、我々から20ゴールを奪った試合を忘れられない。試合後に、ある選手は「彼らは我々が知らないプレーをしていた」と表現した。当時の私は相手のコンセプトを知らなかっただけでなく、選手たちにそれを認める勇気もなかった。

もちろん、私はすぐに自分の街に戻り、何が起こったのかを理解するために必死に調査した。私たちはそれを学び、トレーニングし、チームの一部にした。のちに同じチームと試合する機会があったが、彼らはダイナミックブロッキングでのゴールを1点も決められなかった。私たちはコンセプトを理解して実行しただけでなく、その対抗策であるカウンターブロッキングも実行したのだ。この小さな逸話で、私がコンセプトに反対していないことを明確にしたい。私が嫌うのは、「状況から切り離されたコンセプト」なのだ。

「不確実な外部環境では、運動系は予期していない刺激にも迅速に反応する必要がある。初期の応答は非常に迅速であるため、脊髄回路によってのみ生成される。これに、一次運動野やその他の棘上領域から生じると考えられるより遅い構成要素が続く」

*Soteropoulos and Baker（2020）

したがって、私たちのアイデアやコンセプトを阻害し、ときには反対の方向から妨害するべきだ。それこそが、認知的に完全なサッカー選手を育てることになるのだ。

7 精神速度の遺伝学と身体速度の遺伝学

「速いチームと対戦するとき、それは11人の短距離ランナーと対戦するということではない。私たちは高速で予測し、思考し、反応し、移動することが求められるスタイルを志向するチームと対戦するのだ」

——ジャック・パッシー（元ドミニカ共和国代表監督）

シャビ・エルナンデスの言葉を借りれば、「私たちは精神的なスピードと試合の知性を、身体能力に置き換えることは不可能だ」。試合の身体的なスピードは、精神的なスピードに支えられている。すべての決断は、迅速に行う必要がある。例えば一時停止するなど、遅いように見えるものも迅速な決断に支えられている。試合がスローダウンする感覚があっても、精神がスローダウンするわけではない。それどころか、一時停止することを許されているのは「精神的に最速な選手」なのだ。

ロレンソ・ブエナベントゥーラはペップ・グアルディオラのコーチングスタッフとして、フィジカル面のトレーニングを担当している。彼によればスピードは多くのニュアンスを備えた能力であ

図8：精神速度と身体速度

	遅い	速い
脳	皮質優位の機能	辺縁系優位の機能
筋肉	遅筋線維(赤) orタイプ1	速筋線維(白) orタイプ2

り、フィジカルとメンタルの両方のスピードが混在している。そして、彼はそれを3つのステージに分割した。

1 純粋なスピード：ある選手は、ほかの選手よりも速く走る

2 何が起こるかを直感的に理解するスピード：ここでは、物理的なスピードはすでに精神によって媒介されている。身体的に遅い選手であっても、物理的な速度の違いを補うために競争を先に開始することができる

3 フェイントと欺瞞によって、遅い選手が速い選手を打ち負かすプレーにおいて調整されるスピード

偉大なNFL選手であるヴァーノン・デーヴィスはアメリカのポッドキャスト『ザ・ゲーム・プラン』のインタビューで、子どもの頃に「自分の創造的な側面を隠さなければならない」と感じていたことを告白した。これは、「運動的」な身体的能力と「認知的」な精神的能力との分離として存在する伝統的な二元論の存在を示している。その二元論は、アスリートの概念にもはや存在するべきではない。デーヴィスの創造的な資質が抑圧されていなかったら、彼はもっと良い選手になっていたのかもしれない。

「身体的に速い」人がより「精神的に速く」なるための選択圧

筋肉と同じように、脳にも速さや遅さに対する「遺伝的決定」は存在するのだろうか？　筋肉では、遺伝的影響が実証されている。研究によると、平均的な人の遅筋繊維は最大90％に達するが、スプリンターが25％に達することは稀だ。アメリカのジャーナリスト、デヴィッド・エプスタインによって報告されているように、「ATCN3などの個々の遺伝子は、筋肉収縮プロセスのベースとなるアルファアクチニン3タンパク質を生成し、その変異体またはR対立遺伝子は筋肉の爆発的な反応を促進する。それらは、スピードを競うスポーツで非常に役立つ」というのは事実だ。イギリスの科学雑誌『ネイチャー』に掲載された記事によると、ユーラシア大陸の50％と比較して、アフリカ大陸の85％がその遺伝子を持っている。

脳の速度を遺伝的に決定することは可能なのだろうか？　それとも、脳がどのように情報処理に慣れているかによって、意思決定の速度が変わるのだろうか？　物理的なスプリントトレーニングのように、「環境」「刺激」の要素が決定的だと思われるが、特定の遺伝的素因もありそうだ。この問題について、私はメキシコ人のスポーツ神経心理学者パメラ・エレーラ＝ディアスと議論した。

筆者「私が考えていることについて、あなたの意見をお聞きしたい。『身体的な速度』は、遅筋繊維または速筋繊維の割合に応じて、遺伝学によって事前に決定されていると考えられている。脳の処理速度（PS）を決定する遺伝的パターンはあるのか？　つまり、本質的に、遅い脳と速い脳があるということなのか？」

エレーラ＝ディアス「遺伝学、神経生物学の議論に入る前に、処理速度の重要性を文脈化するために次のデータを提供したい。言語能力の優れた脳と知覚能力の優れた脳が存在することに加えて、生まれつき速い脳と遅い脳が存在することがわかっている。より優れた言語能力または知覚能力を備えた脳では、特定の脳領域（例えば、言語では左下前頭回＋上部側頭回、知覚では右頭頂後頭領域）で効率的に活動していることが判明している。しかし、処理速度についてはさらなる研究が必要だ。現状、研究者たちは次の脳の要因に依存すると主張している」

❶ニューロンの分枝化：この用語は、ニューロンが持っている樹状突起の量を指す。樹状突起は、ほかのニューロンとのシナプスを形成するニューロン本体の延長部分。したがって、機能的かつ効率的な接続を確立するには、適切なサイズで堅牢さを備えた特定の樹状突起が必要となる。分枝の欠如または過剰は、処理速度の障害を引き起こす

❷ミエリン形成：ミエリン（髄鞘）は、ニューロンの軸索から隔離するマント。軸索は、ほかのニューロンと通信するためにシナプスに（神経インパルスを通じて）情報を伝達する

部分。神経インパルスの速度はミエリンが絶縁体なので、その存在有無によって決まる（厚いほど分離が向上し、速度が向上する）。軸索全体のミエリン間に「ランヴィエ絞輪」と呼ばれる余白がある

❸脳の接続性：脳領域を効率的に接続するには、灰白質の内側にある神経細胞の連絡路（軸索）の完全性に依存する。例えば、ネイマールの脳を神経画像で確認した科学者は、運動野の活性化パターンが低く（効率が良く）、ノイズが少ない（干渉が少ない）ことを発見した

筆者「分枝が多すぎてもダメだということに驚いた。多ければ多いほど良いと思っていた」

エレーラ＝ディアス「例えば、自閉症スペクトラム障害は、シナプスが拡大縮小する段階での変化によって引き起こされる。言い換えれば、自閉症の主な特徴は過度の分岐だ。ニューロン、シナプス、神経伝達物質が、少なくても多くてもいけない。ここには、バランスが必要だ。さらに、私はここで極端だが、次のことを伝えたい。処理効率は処理速度よりも重要だ。つまり、最小限のリソース（時間、エネルギー）で正確な認知処理を完了することが求められる。その点で、ネイマールの脳は最高だ。彼は迅速で効率的な脳を持っているだけでなく、脳へのエネルギー消費が少ない。限られたエネルギーで、彼は認知プロセスを完了している」

身体的なスピードを与えられなかったサッカー選手（シャビはこのリストに自分自身を含めた）が、試合で生き残るために選択圧によって精神的なスピードを向上させることを余儀なくされたことは、広く理解されている。しかし、その逆（精神的なスピードに恵まれなかった選手たち）についてはほとんど語られていない。つまり、生まれつきのサッカー選手は、速筋繊維に恵まれている。速いサッカー選手は、厳密に言えばスピードによって生き残れるのだ。ここでは、ウサイン・ボルトが引退後にサッカー選手になろうとした例外を除外する必要がある。彼はサッカー選手ではなく、アスリートだった。サッカーを理解するための認知発達に適した彼の時期はすべて、陸上競技に捧げられていた。

指導者として、私たちは考えなければならない。「身体的に速い」人がより「精神的に速く」なるように選択圧をかけて、トレーニングセッションからそれを誘発する必要があるのだ。身体的に遅い人が速く考えなければならないのと同じように、私たちは彼らの物理的な速度を妨げる必要がある。これは、より速い認知に向かって進化することを強制する認知的葛藤として機能するだろう。

8 コオーディネーション能力のキャパシティ

サッカー選手のコオーディネーション能力についても、身体的能力や技術的能力と同じことが起こる。このコオーディネーション能力は、状況に関連して表現される。状況から除外されるものはすべて、サッカー選手の特定のコオーディネーション能力から除外されるといっていい。

ドイツの体育教育学者クルト・マイネルとギュンター・シュナーベルは、コオーディネーション能力を下記のように定義している。

① 動作の組み合わせ：身体の各部位における動作をコントロールし、調整するスキル
② 差別化：動作の段階間および身体部位の動作間を微調整する能力
③ バランス：全身のバランスを保ち、維持する能力
④ オリエンテーション：定義された動きの領域および、または移動する対象に関連し、空間と時間における身体の状況と動きを決定し、変更する能力
⑤ リズム：外部から与えられたリズムを処理し、動きとして再現する能力

⑥反応：刺激に適応し、運動動作を迅速に実行する能力
⑦バリエーションへの適応：行動のプロセスで状況変化の認識、予測に基づいて、行動プログラムを新しい状況に適応させる能力、または異なる方法で行動を継続する能力

ヴィセラルトレーニングは、サッカー選手のコオーディネーション能力に刺激を与えるプラットフォームを提供する。

9

無意識の重要性

「最も複雑な思考には、意識の助けを必要としない」

——ジークムント・フロイト（オーストリアの心理学者）

ティエリ・アンリ「私は常に相手の足下を観察して、ボールを動かしながら相手を抜くことを狙っていた。しかし、君は主にインサイドに切り込むことが多い。なぜ？　ボールを受けるときに、何を考えているの？」

エデン・アザール「シンプルな話で、僕は右利きだ。右でボールを扱えれば、そこにはさまざまな選択肢がある。ドリブルで仕掛けてもいいし、パスでもいい。左にボールを置いてしまうと、そこからのクロスは得意ではないからね」

アンリ「つまり、君は本能でプレーを決断しているということかな？」

アザール「そうだね」

アンリ「私は常に相手がどんなヒントを与えてくれるのかを考えていたよ」

アザール「僕はそこまで考えながらプレーすることはない」
アンリ「つまり、本能ということだね」
アザール「そう、本能だ」

バラク・オバマがアメリカ大統領だったときにニューロマーケティングアドバイザーを務めたパトリック・レンヴォアは、「私たちの決定の99％は無意識のものだ」と断言している。神経科学者のデヴィッド・イーグルマンも、「精神プロセスのごく一部だけが意識をベースにしている」と信じている。私たちの脳の認知経路はあまりにも多様であるため、事前に決められたルートだけを通過することはできない。レンヴォアやイーグルマンのアイデアが正しいとすれば、技術的、戦術的なトレーニングは意識的にのみ行われるということになる。それは脳の浪費だ。

無意識は、ニューロマーケティングだけでなくアイデアの世界にとっても不可欠だ。「意識は遠洋定期船に乗った小さな密航者のようなもので、膨大なエンジニアリング作業をせずに航海の栄誉を手にしている」とイーグルマンは賢明に表現した。彼は、次のように続けている。

「人々は『急に思いついた！』ということがあるが、実際には脳内で多くのタスクが処理されている。アイデアが登場すると、神経回路が何時間も、何日も、何年もかけてそれに取り組み、情報を統合し、新しい組み合わせをテストしている。しかし、舞台裏に隠された巨大な機械について考えずに、あなたはそれを自分のおかげだと誤解している」

イーグルマンは、下記のような結論に至っている。

「私たちの脳は自動操縦で作動しており、意識は地下にある巨大で神秘的な工場にほとんどアクセスできない。では、誰が素晴らしいアイデアの功績に値するのだろうか？　１８６２年、スコットランドの数学者ジェームズ・クラーク・マクスウェルは、電気と磁気を統合する一連の基本的な法則を発見した。彼は死の床で奇妙な告白をし、彼ではなく『内部の何か』が有名な方程式を発見したと宣言したのだ。彼は、アイデアがどのようにもたらされたのかまったくわからなかったことを認めた」

ミカエル・アシュフォードと共同研究者が実施したラグビーの意思決定に関する研究では、参加した選手の１人が経験したこの状況が詳細に説明されている。

「その選手は、意思決定プロセスの意識的な思考を排除することを期待し、ラインアウトスローをリハーサルする重要性に言及している」

図9：それぞれの「無意識観」

リオネル・メッシ サッカー選手	「何をするかを考えたことはない」「それはインスピレーションだ」「もし考えてしまったら、そのプレーは実現できない」
ナイジェル・マンセル F1ドライバー	「脳を車に接続し、自動運転している」
マイケル・ジャクソン ダンサー	「ダンサーにとって、考えることは最大のミスだ。考えてはならない、感じるんだ」
ジェームズ・クラーク・マクスウェル 数学者	「アイデアがどのように出てくるか、わからない。単に湧いてくるんだ」
ウィリアム・ブレイク 詩人	「何かを決めることなく詩を書くが、ときには自分の意志に反する詩が完成することもある」
ゲーテ 詩人	「ペンが自発的に動くのだ」

メッシはすべてのコントロールをやめ創造性を促進した

考えることは、決断における重荷になる。

リオネル・メッシは、2つのコメントでそれを裏づけている。

「ドリブルやこれから何をするかについて考えたり、トレーニングしたりすることはない。私はストリートでプレーするときと同じように、瞬間的に出てくるプレーを選択する。それはインスピレーションだ。問題があれば、その瞬間に解決する。事前に決められたものは、何もない」

「きれいなゴールを決めることを考えたことはない。もしそれを考えれば、ゴールは決まらない」

メッシの考えは正しく、内なる自分がリラックスし、すべてをコントロールしようとするのをやめると、創造性が促進される。外側前頭前皮質（自己監視）における脳の活動が少なく、内側前頭前皮質（自己表現）では脳の活動が高まっていくのだ。ロナウジーニョは「創造は、計算よりも遠くに私たちを導く」と表現した。また、１９９２年にＦ１の世界を席巻したナイジェル・マンセルは「脳を車に接続し、自動運転している」と述べた。

ここでは特に、マンセルの比喩的表現に注目しよう。言い換えれば、彼は「Ｆ１の速度を意識的に管理することは不可能だ」と主張している。最高速度は、意識と両立しないのだ。多くのレジェンドたちが歴史をつくった瞬間において、もし意識が動きを支配していたら、そのスムーズな動きを阻害していたはずだ。意思決定の質は、意思決定に使用されている脳の処理に必要な互換性のレベルと、意思決定におけるタスクの性質に依存している（相手に囲まれながらドリブルで突破するのは、パソコンの前に座ってホットコーヒーを飲みながらExcelシートを完成させるのと同じではない）。

ラグビー選手に関する意思決定の研究において、アシュフォードらは次のように主張している。彼の発言は、試合の迅速な性質を象徴している。

「選手の行動に関するゆっくりとした思考の言語化は、迅速な思考と無思考の分別よりも

頻度が低かった」

意識が不完全であることを認めたとき意識は完全になる

ディエゴ・マラドーナはメキシコ・ワールドカップの6年前、1980年にイングランドとの親善試合で同様の状況に陥り、失敗していた。この「意識的な経験」が無意識下に残り、正しい答えに至ったのかもしれない。マラドーナは「ワールドカップでプレーしたとき、6年前のことは覚えていなかった」とコメントしているが、それは無意識下で影響を受けていなかったということではない。科学は日常的に人間の心の中で、多様な認識が無意識に生成されていることを証明している。そして、サッカーは認識と切り離せない。

「大脳皮質の魅力」は、意識を過大評価する点で、すでに「大脳皮質の傲慢」に移行している。その合理性についての傲慢な思考は、サッカーでは機械論的なモデルと関連している。意思決定の研究において著名なハーバート・サイモンは、50年以上前にこれをすでに非難していた。サイモンは、組織（私たちにとってのサッカーチーム）は、問題のある状況、解決策を模索しなければならない対立した状況、複雑な感情に直面した状況でこそ発展すると述べている。

また、ここで最も興味深いことは、人々（私たちにとってのサッカー選手）は合理的になろうとするかもしれないが、合理的なモデルが課す情報や必要な要件を満たすことはめったにないということだろう。基本的に、サイモンは「限られた合理性」について語っており、次のように述べている。

「合理性と戦い、自分の知識の範囲内に自分自身を制限する人間は、これらの困難を部分的に克服するいくつかの作業手順を開発してきた。これらの手順は、限られた数の変数と限られた範囲の結果を含む閉じられた機能をほかの世界から分離できると仮定することから成立する」

現実として、サッカーは当時の仮説をベースにトレーニングされてきた。実証主義（知識の対象を経験的事実に限り、その背後に超経験的実在を認めない立場）では、サッカーは断片的に分割可能なものだと考えられており、技術、戦術、フィジカルのトレーニングはそれぞれ独立していると誤解されていた。分析的な観点からトレーニングは研究され、分析的な視点からトレーニングされなければならなかったため、現在のトレーニングも一部を除いて分析的なメソッドに属しているといっていい。全体を複数の断片に無理やり分解され、状況から切り離され、理想的な条件で並べられてしまっているのだ。

数年前、ジョゼ・モウリーニョの腹心であるルイ・ファリア（元アル＝ドゥハイル監督）は次のように嘆いた。

「分離しないこと、分割しないこと、除去しないことが必要だ」

幸いなことに、私たちは一般的で現実的な「常識」に近づきつつある。理想的な条件は、実際の環境、つまり選手と対戦相手がいるピッチだ。

「多くの場合、直感は知らないことから始まる。何かを知らないことを認めることで、最終的な知識のための余白が生まれる。それはまた意識を謙虚にすることで無意識にコントロールを渡し、何が現れるかを待つことにより積極的になる」

*Isenman（2018）

究極の認知とは、すべてを考えることではない。究極の認知とは、すべてを考えるのに役立つ何かが私たちの中にあることを知ることなのだ。意識が不完全であることを認めたとき、意識は完全になる。

10 マルセロ・ビエルサと無意識

マルセロ・ビエルサは、次のようにコメントしている。

「サッカーは生き物であり、常に変化している。サッカー選手は日常的に、分析せずに本能的に正しい判断を下している」

試合途中での分析における難点は、意思決定と行動を遅くしてしまうことだ。たとえその判断が正しかったとしても、実行が遅れると致命的な失敗になる。

「彼をマークすべきか？　それとも別の選手か？　もうそのときには、失点している」

無意識を味方にすることは常に良いことだ。なぜなら、味方にしないと敵になってしまうからだ。私は無意識の中立性を信じていない。無意識を味方にするには、脳を構成する「３つの脳」のそれぞれを働かせるトレーニングを図式化することが重要だ。「大脳皮質」「大脳辺縁系」「爬虫類脳」に注目してほしい。試合でこの3つの脳機能すべてが要求される場合、トレーニングでも従来のように1つだけを使うべきではない。

神経科学的には、ほとんどの場合、試合が要求するレベル以下でトレーニングを行う。しかし、トレーニングの各アクションには、認知的要素、感情的要素、生存的要素が必要となる。神経科学は難易度の高い学問から脱し、実用的で協力的になっていかなければならない。

ユリアン・ナーゲルスマンは、メンタルにおける多くの領域が試合では使われていないと述べている。ナーゲルスマンのコメントは正しく、私は次のポイントを追加することを奨励したい。

❶試合で使用されるメンタル領域は多いが、それらの領域が何に使用されているかはわかっていない

❷試合で使用される多くのメンタル領域があり、それらの領域の存在は知っているが、それらの領域がどのようにトレーニングされているかはわかっていない

第4章

パラダイムチェンジ

FOOTBALL VISCERAL TRAINING

1

10個のパラダイムチェンジ

本章の本題に入る前に、以下に記す10個のパラダイムチェンジを頭の片隅に入れてもらいたい。

①安定したトレーニングから、不安定なトレーニングへ
②予測可能なトレーニングから、予測不可能なトレーニングへ
③減らすトレーニングから、増やすトレーニングへ
④執行的なトレーニングから、知覚的なトレーニングへ
⑤事前に組織化されたトレーニングから、自己組織化を促進するトレーニングへ
⑥整理されたトレーニングから、困難なトレーニングへ
⑦不変なトレーニングから、変化するトレーニングへ
⑧組織化したトレーニングから、自己組織化されたトレーニングへ
⑨秩序あるトレーニングから、混沌としたトレーニングへ
⑩機械的なトレーニングから、自然発生的なトレーニングへ

2

エコロジカルパラダイム

「それだけで存在しているものは、何もない。すべてが関係性の中で存在している」

——ブッダ（仏教の開祖）

エルチェ、ラヌースなどで監督を務めたアルゼンチン人の指導者ホルへ・アルミロンは、次のようにコメントしている。

「選手たちが上手にプレーしていたストリートや空き地に彼らを帰さなければならない」

私たちは「自然に戻る」必要があるかもしれない。公園や中庭でのプレー、いわゆるストリートサッカーがトレーニング方法の一部として使われていた古典的なトレーニングを現代的に適応させることで、「現代的なストリートサッカー」と再会すべきなのかもしれない。現代サッカーはトレーニングにストリートとの関連性が求められており、私たちはエコロジカルな複雑性を必要としている。そして、複雑な状況で選手を成長させなければならない。

「生態心理学は、スポーツにおける共鳴に注目している。構造化された周囲のエネルギーパターン（情報）と相互作用することは、アスリートとパフォーマンス環境との機能的相互作用を改善することを助ける役割を果たしている可能性がある」

*Vaughan et al.（2021）

エコロジカルダイナミクス（環境による制約とその行動との関係性）における前記の描写は、アスリートとパフォーマンス環境がどのように高度に相互接続され、調整され、共鳴しているかを捉えている。環境を無視し、孤立した状態でパフォーマンスを向上させることは難しい。実際に、行動とスキルの発達は、「パフォーマンス主体の特性とパフォーマンス環境の特性によって理解することができる（Araújo et al. 2017）」。したがって、スキルを習得するプロセスは、適応またはスキルの向上として概念化される。それは、「トレーニングまたはパフォーマンス環境における、周囲の情報との同調と共鳴だ（Button et al. 2020; Chow et al. 2020）」。

「トレーニングを守備、攻撃の孤立した局面に分割することは少なくなった。試合が複雑であることを考えれば、トレーニングにおける人工的な分割は不要だ」

――トーマス・トゥヘル（バイエルン・ミュンヘン監督）

「多くの指導者は複雑性を減らそうとするが、グアルディオラは真逆だ。彼は複雑系の専門家だ」

——フィリップ・ラーム（元ドイツ代表ＤＦ）

ヴィセラルトレーニングは、選手が共存しながら究極的に自然な状態で複雑系を攻略することを目指している。そして、それは間接的にペップ・グアルディオラが求める究極的な支配に近づいている。エコロジカルなパラダイムは、環境心理学に詳しいオスカル・ナバロ・カラスカルが述べているように、「知覚プロセスが個人と環境の関係についての研究に基づいている」ことを私たちに教えてくれる。試合という環境から離れようとすればするほど、エコロジカルアプローチからは遠ざかっていく。エコロジカルアプローチの仮説は、認知的な進化には環境へのチャレンジが必要だと説いている。つまり、厳しい環境がなければ進化することはないのだ。

パフォーマンス改善のカギを握る知覚的―認知的な複雑性の増加

１９７６年に運動学者のロナルド・マルテュニュークは、「認知スキルとは、環境から収集した情報を既存の知識と融合させる能力である」と定義した。これは、環境情報を取得するのは不可能だという思想だ。つまり、環境情報を習得するスキルには、認知スキルは存在せず、実行スキルのみが存在している。環境情報と実行スキルの関係性は非常に直接的で、情報の概念化までの到達速度を速めるために、環境情報を剪定していくのだ。マルテュニュークの言葉を借りれば、環境情報の剪定が進むと、情報を識別、取得、統合することが難しくなる。つまり、この環境情報の剪定には、認知能力を発達させる潜在能力があるのだろうか？

高速の認知、意思決定における意識の欠如において、スポーツ科学者のアーミン・キベレは次のような結論に達している。

「さまざまなスポーツや格闘技の選手は、対戦相手の動きを知覚し、時間的なプレッシャーの下で運動反応を実行する。つまり急速な反応は、相手の動作に組み込まれた、無意識に表現される動作特性の知覚によって準備されていると仮定される。急速な運動反応による視覚運動刺激を知覚的に識別する特定の形式は、知覚プロセスと行動プロセスの共通コード化に基づいていると主張されている。準備された運動反応は、無意識な運動特性の知覚が、迅速な運動反応を実行する運動プロセスと組み合わされる初期の学習プロセスに基づいている。情報に基づいた運動反応の取得と実行を説明するために、2段階のプロセスが提案されているのだ」

このサッカーのエコロジカルな見方は、サッカー選手とその環境との関係において、知覚、行動、認知の関係を調べ、評価し、理解するために適切なスクリーンを見つけることの重要性を示唆している。

そこに環境がなければ、分析は先入観から逃れられない。神経学者のアルトゥーロ・ゴイコエチェアが示唆するように、「生態環境に関する情報の獲得は、経験と模倣から生じる無意識のプロセス」だ。そして、生態学的なイメージが完成する。

「脳は見ないし、聞かないし、匂いを感じないし、傷つくこともない。あくまで身体と環境との相互作用全体を通して、網膜、聴覚、嗅覚、および受容情報に意味を付加することを学んでいる。脳がなければ、視覚も聴覚も嗅覚も痛みも存在しないのだ」

ヴィセラルトレーニングはエコロジカルな観点から、試合に固有となる脳内のプロセスを誘発するために複雑化されたトレーニングだ。ミカエル・アシュフォードらは、次のように説明している。

「迅速な思考の解釈は、情報の認識によって形成された意図が、時間のプレッシャーに直面する状況で結果として生じた行動を導いたことを示唆している。一方、遅い思考は、試合の動きが選手の自己認識、意図、およびチームメイトのアクション能力の認識に依存していることを示した」

運動学習を専門とするルカ・オッピチ博士によれば、サッカー選手を対象とした研究で「スペースが制限された状況での適応」について、次のような結論が導かれた。

「広いプレーエリアで行動するときでも、狭いプレーエリアで時間的な余裕がない状況でパスを成功させるスキルを適用させることが可能だ。これによって、選手は『知覚と行動の結合』を機能的に適応させる能力を向上させる」

パフォーマンスの改善を追求するには、技術的、戦術的に要求される能力と紐づけながら、認知を刺激するトレーニングの知覚的―認知的な複雑性を増加させていかなければならない。それでは、ヴィセラルトレーニングがどのように選手が知覚と行動を機能的に組み合わせることを可能にするのかを考えてみよう。機能的な適合の需要は高まる一方であり、知覚と行動の結合を増やすことにより、認知はピッチの外でも増加していく。

脳は常にアクティブに活動しており将来的な相互作用を予測している

「自発的な脳の活動というのは、知覚と行動のサイクルから独立した生成モデルが下降していく行為だ。休息期間中の自発的な脳の活動は、将来の相互作用のために生成モデルを最適化しており、特定のデータがない場合に説明するエントロピー（混沌、不可逆性や不規則

性を含む特殊な状態）が最大化されることで、モデルの複雑さを軽減する」

*Pezullo, Zorzi and Corbetta（2021）

難解な表現なので補足すると、脳は休んでいると思われるときもアクティブに活動しており、将来的な相互作用を予測しているということだ。休んでいるときでも活動している脳だが、活動の程度は「トレーニング時に知覚と行動のサイクルがどのような条件で発生していたか」という部分に依存している。

ヴィセラルトレーニングの負荷が増大するとき、イアン・レンショーによって記述された2段階のプロセスを経ると考えるべきだろう。

「脳の発達の研究により、新しいスキルの学習において、可塑性のメカニズムは剪定段階に先行する過剰生産段階を含む2段階のプロセスとしてモデル化できることが示された。可塑性記憶が開始するときにシナプス数が増加する活動は、例えば学生がタスクの解決策を探していく初期の探索段階に対応している。いったん発見されると、安定化が起こり、『機能する』接続が選択され、『機能しない』神経パターンが減衰する。結果として、脳の灰白質量の変化は『経験に応じた組織の劇的かつ大規模な変化』を示している。この点は学習とトレーニングの設計に重要な意味を持っており、神経系を促進するには慎重に考える必要があることを強調している」

ヴィセラルトレーニングは認知を迅速に改善する可能性を提供しようとするが、エコロジカルな関係性も見逃せない。

「エコロジカルアプローチは、知覚、行動、認知が、タスクのパフォーマンスと環境（個人だけでなく、脳などの構成要素）の相互作用からどのように発生するかについての理解を明確にする。それは、パフォーマンス環境から利益を享受するトレーニングを経験した個人における適応変動性の役割に注目している」

*Renshaw and collaborators based on Araújo (2019)

言い換えれば、ヴィセラルトレーニングは新しいスキルを学ぶためにデザインされていない。むしろ、伝統的なトレーニングのせいでサッカー選手が共存することに慣れていないタスクと共存することを学ぶことが目的だ。可変性は進化を促す手段であり、柔軟に適応することを求めてきた。アミール・カランは次のように示唆している。

「大脳と行動的なイノベーションには正の相関関係があり、動物が季節ごとに環境が変わる予測不可能な生息地に適応するために必要な行動の柔軟性に関連した種固有の特徴がある。同様の生態学的タスクは、人類の進化を通じて重要な原動力となってきた。（中略）チンパンジーは、最近の時間規模と歴史的な時間規模にかかわらず、より変動性の高い環境

でより大きな行動の多様性を示す。（中略）環境の変動性は、類人猿の行動、文化の多様化を促進する重要な進化の源になった」

あるべき時間、あるべき場所、あるべき人が変動するからこそ、脳内であるべき姿に近づける。したがって、比喩的表現としての「実践的な神経科学」が生まれたのだ。

3 変動性

「強さは差異の中に存在し、類似性の中には存在しない」

――スティーブン・コヴィー（『7つの習慣　人格主義の回復（邦題）』をはじめとした多くの著作を発表したアメリカのコンサルタント）

エクセウらの研究グループは、2019年にランナーの短期記憶について次のように報告している。

「ランナーは通常のルートを走ったときと比較したとき、普段とは違うルートを走ったときのほうが全体的な短期記憶のパフォーマンスが向上した。これは、短期記憶と注意制御との相関関係を示している」

ルートを変えるというシンプルな変化が人の脳に影響を与えているのであれば、サッカーでも同じことが起こるのではないだろうか。これは、短期記憶と注意制御が通常とは違う状況に直面した場合、つまり反復よりも変化に直面した場合に有利になることを示唆している。

さらに、卓球に関する研究でジョアナ・バラディンが解明したように、近赤外機能分光法によって運動皮質と運動前皮質で得られた血行動態の応答パターンは、予測可能なものと予測不可能なものでは異なるものだった。これが示唆しているのは、タスクの安定性または不安定性、不変性または可変性に応じて、異なる脳領域が活性化されるということだ。

ここで注意すべきは、我々が予測可能で単純なトレーニングをしたとき、実際の試合で活性化される脳の領域とは異なる部分を鍛えてしまっているかもしれないという事実だろう。本能的、直感的な経験は、もう一方の無意識的な自分、自分の残り半分を信頼することを奨励していく。

セサル・ルイス・メノッティは、前述した内容と共通点が多いコメントを残している。

「私はある夜、選手が自ら考えたり、質問したりすることを奨励する指導者になる方法を考えていた。私は選手たちが従順であることを望んでいない。私はサッカー選手に、彼らが考え、尋ね、ピッチ上で解決することを望んでいる。サッカー選手に考えるように訓練する方法は、（伝統的な方法で）考えさせ、考えずに考える方法（新しいパラダイム）を経験させることだ」

これらの脳の活性化が卓球で変わるとしたら、サッカーでどれだけ変化するかを想像することは容易い。スティーブン・ナフマノヴィチが経験したように、「演奏の種類を増やすことによって、全身がリラックスし、身体的な能力が向上する」こともあるはずだ。

「中枢神経系（CNS）がさまざまな状況で適応制御のための内部モデルを習得し、変更することを多くの証拠が示唆している」

*Imamizu et al.（2007）

「運動学習の研究は、個人にとって生来の運動変動性が、運動タスクを学習する速度を予測することを示している。変動性が大きい人は、おそらく変動性がより広い範囲の運動変数の探索を促進するために、運動タスクをより速く学習する」

*Sabu et al.（2020）

サッカーの例で考えると、ウルグアイ代表で活躍したストライカーのセバスティアン・アブレウは「バスケットボールを子どもの頃にプレーしていたことで学んだリズムがヘディングの技術を向上させた」と語っている。

「個人が既存で持っている調整パターンと新たな環境によって必要とされるパターンとの間の類似性が高いほど、既存の内因性行為と課題となる新しい行為の関連性が強くなるため、適応はより簡単になる」

図10：タスクの安定性とタスクの変動性

	タスクの安定性	タスクの変動性
新規機能への刺激	−	＋
内部モデルへの適応	−	＋

*Kostrubiec et al.（2002）

これは、バスケットボールのリズムを学んだアブレウの事例に似ている。

この事例は、ダイナミックシステム（人間の知性や脳、天候や組織などの絶えず変化し続ける複雑な機能）の観点から考えると理解しやすくなる。

トレーニングの変動がもたらす状況干渉効果

研究者ヘレン・フィッシャーとクレオチルド・ゴンサレスの説明によれば、ダイナミックシステムのパターンを推測しようとするとき、人々は体系的な失敗を犯す。機能の構造とゲシュタルト（全体的な処理）ではなく、機能の特定要素（部分的な処理）に集中したとき、失敗が発生するのだ。

ティム・インゴールドの研究に触発されたカール・ウッズとその研究グループは、同じ結論（学習はその行為や場所と切り離せない）に達している。環境が多様であり、ダイナミックであるほど、何に注意を払うべきか（そして何に注意を払わないか）を学ぶ機会が増えていく。したがって、正しくトレーニングされた探検家は風景における微細なリズムやパターンにも注意を払い、反応することができる探検家だ。彼らが世界とコミュニケーションをしながら、未踏の地を通り抜けるのを助けるのが注意力だ。このようにトレーニングされた探検家は、「道に迷ってしまう」または「孤立する」ことはめったにない。なぜなら環境自体が、行動を継続的に調整するために必要な相互作用を手助けする関係を提供しているからだ。

ヴィセラルトレーニングが提供する豊富な変動性は、遊びや試合の性質そのものを上回る。変動性こそが、成長するための可能性なのだ。

ベンジャミン・チューラーらの研究では、次のような結論に至っている。

「トレーニングの状況を変動させることが運動記憶の統合と一般化にポジティブな影響を与えるということは広く受け入れられており、文脈干渉効果と呼ばれている。これは、状況への干渉が真の運動学習現象を反映していることを示しており、逆向抑制（ある学習Aを行ったあとに別の学習Bを行うことで、学習Aの保持や再学習が妨害されること）とは無関係だ」

エミリー・クロスの研究を参照すれば、反復トレーニングは短期的にはポジティブな効果をもたらす可能性があるが、長期的には変動性があるトレーニングのほうがよりポジティブな効果を提供する。

「人々が新しいスキルを習得するとき、さまざまなタスクがランダムに混合されながら実践される場合に比べ、タスクが分離されたトレーニングの場合は通常、初期のパフォーマンスが向上し、選手はタスクがより簡単だと感じることになる。しかし、その後のスキルの保持は、ランダムにトレーニングしたグループのほうが優れている。これは、文脈的な干渉として知られる効果だ。研究期間においてランダムにトレーニングされたグループは、トレーニングを反復したグループと比較して、感覚運動領域と前運動領域がよりアクティブな活動を示した。これらの脳領域は、運動の準備、連続、および応答の選択に関連している。この実験は、優先課題における文脈干渉の利点は、運動反応を積極的に準備する能力の向上によるものであるという仮説と一致している」

シンプルなトレーニングだと認知的葛藤が刺激されない

不安定性、ランダム性、可変性を助長するすべてのタイプのトレーニングは、教育学的な指導が忘れがちな神経構造を刺激する。学習のベースになるのは受動的な受容ではなく、能動的な経験だ。ルイ・ファリアは、次のようにコメントしている。

「状況の変動性と、これらの相互作用を調整するための継続的な探求が求められている」

運動だけでなく、変動する学習の利点は、以下のようにほかの多くの学習でも効果的であることが示されている。

①言語学習
②ダウン症患者の学習
③数学能力の向上

ファン・アンヘル・コラドとダニエル・アルドイが引用したスポーツ科学のフィリップ・トンポロスキ教授の研究は、次のように示唆している。

「トレーニングで予想外の変化を経験した選手は、新しい状況に直面したときにその経験とスキルを活用できる。認知的な負荷が不足するような反復トレーニングでスキルを習得した選手では、このような柔軟なスキルの移行は難しい」

ただ注意してほしいのは、変動性はヴィセラルトレーニング固有の特徴だが、単なる変動性だけではヴィセラルトレーニングであることを保証しない。例えば、エクササイズには変動性があっても、同時に意識的に集中してしまっているケースもあるだろう。また、エクササイズに変動性があっても、トレーニングがシンプル過ぎると認知的葛藤が刺激されない。

ヴィセラルトレーニングは、単なる変動性ではない。それは変動性＋認知的葛藤＋無意識の脳処理＋作業の進行時に解決されるほかの負荷因子を含む必要がある。

4

自己組織化と自己創出

「ホミニゼーション（サルからヒトへの進化、特に中新世の類人猿から鮮新世のヒト亜科の祖先の誕生までのプロセスを指す。「ヒト化」とも呼ばれる）にとって、不可欠なことがある。それは自己組織化または自己創出の原則に基づく、多次元的な複雑性のプロセスだ」

――レアンドロ・フェルナンデス・デ・モラティ（スペインの詩人、劇作家）

トレーニングで自己組織化を引き起こす必要性は、これらの自己組織化的な行動が試合で自然に発生することに起因している。一般的に自己組織化は、オープンで複雑系の制約に基づいて、生物が機能的に適応する能力だ。オープンな状況に直面するとき、刺激―結果の関係は決定論的（AのあとにBが続くと仮定される）ではなく、確率論的（AのあとにBが続く可能性があるが、Cが続く可能性もある）なものだ。決定論的なトレーニングに慣れた選手はそれほど柔軟ではないと考えられている（彼らはAのあとにBが続くようにトレーニングされており、その方程式が失敗したときに解決する方法を知らない）。

極端な柔軟性の欠如については、アンドニ・スビサレッタ（元スペイン代表GK。2001年から04年まで、アスレティック・ビルバオのクラブディレクターを務めた）のコメントが記憶に新しい。

「トレーニング場で計画してトレーニングしたとおりにプレーできるようにするために、正しい守備方法を相手選手に提案した選手がいた」

一方で、確率論的にトレーニングされた選手は、決定論的な部分も兼ね備える（彼らはAのあとにBが続く可能性があることを知っているが、CまたはMという答えを検討する柔軟性も兼ね備えている）。

いわゆる過去のサッカー観は非常に決定論的であり、それを理解する方法も直線的なものだ。ただ、そのサッカー観は終焉のときを迎えている。指導者がアナリティックに設計し、トレーニングしたことがピッチで起こるとき、私たちは驚嘆する。もちろん、場合によっては分析と事象が一致することもある。アナリティックな方法で実行されたとき、私たちは発生したことを指導者の成功だと考えてしまう。一方で、ほかのさまざまな相互作用によって欺かれてしまう回数はどうだろうか？　なぜか、その点に関してはあまり注目されていない。

このように、試合で起こらないことは、試合の性質と見なされる。これは、アメリカの心理学者アブラハム・マズローの言葉を思いださせる。

「問題を解決するために必要なものがハンマーである場合、ほとんどすべてのものを釘だと解釈する必要がある」

選手がすべてを釘だと解釈しなくても済むようにするには、ハンマー以外の道具を与える必要がある。しかし、ハンマーしか持っていない指導者はおそらく選手にハンマーを与えるだろう。そうなると、指導者は釘だけを見て、選手をトレーニングさせるようになる。特定の行動における選手の無能さは、指導者としての私たちの無能さを反映しているのだ。

ファン・マヌエル・リージョは次のように述べている。

「敗者の議論は、通常は言い訳として受け取られる。言い訳は必要ない。ただ、その選手のパフォーマンスを上げる必要があるだけだ。ハンマーだけを持ち、釘しか見えていない選手は、ドライバー、のこぎり、グラインダー、その他の道具を扱うことを必要としている。そしてその方法は概念を増やすことだけではない」

そのような観点からも、より一貫性を探る必要がある。決して、分析をやめなければならないと言っているわけではない。エドガール・モランは、次のように推奨している。

「グローバルはローカルを忘れてはならないし、ローカルはグローバルを忘れてはならない。全体性の概念は、全体性の不完全さを認識している」

■アナリティックトレーニングは特定の側面を改善する

ヴィセラルトレーニングは、アナリティックトレーニングの反対に位置する。しかし、排除するのではなく、補完するものだ。アメリカの小説家スコット・フィッツジェラルドはかつて、次のように表現した。

「本当の知性とは、2つの相反した考えを同時に心に留め、機能させる能力を維持する能力のことだ」

アナリティックトレーニングの必要性を考えたとき、フィジカルトレーニングはその1つだ。周知の事実かもしれないが、現代サッカーはトランジション（切り替え）に支配されている。トップスピードの走りが繰り返され、その距離は長くなっている。堅牢な守備ブロックに直面した静的な状態のチームは、認知的、運動的な負荷が増加する。そして、ピッチ上で得点のチャンスを生むことは難しい。

アーセナルで監督を務めたハーバート・チャップマン（WMフォーメーションを発案し、「戦術の発明者」とされている）のアイデアを再考すべきだろう。

「ゴールを決めるのに最も適した瞬間は、相手の攻撃が終わった直後だ。なぜなら相手の選手たちはこちらの陣地に残っているからだ」

では、スピードをアナリティックにトレーニングするにはどうすればいいのだろうか？　マルセロ・ビエルサはどのようにリーズ・ユナイテッドをプレミアリーグで最もスプリント回数の多いチームに変えたのだろうか？　チームのゲームモデルがトランジションを最大限に活用するものである場合、これらのパフォーマンス変数を強化するためにアナリティックトレーニングを活用しないことは、これらのチームにとって逆効果になる。

また、非線形性には線形性も含まれている。スペインのラ・リーガで最高速度に達した3つのスプリントは、サッカーという試合には似つかわしくない、陸上競技のような直線性のレースだった。ラ・リーガ（2020—21シーズン）が提供したデータによると「グラナダのFWロベルト・ケネディは、カディスとの試合で73・91メートルを走ったとき、最高速度で時速35・59キロメートルに達した」「DFティエリー・コレイアは、ラ・リーガで2番目に速い選手になった。彼はエイバルとの試合で、時速35・56キロメートルに達する最大スピードで47・64メートルを移動した」「FWマルコス・ジョレンテは、89・69メートルのスプリントを実施したとき、サン・マメスで時速35・41キロメートルの最高速度に到達した。彼は約10キロ（9865メートル）走ったあと、91分にガゼルのように疾走してカウンターのピンチを防いだ」。

フィジカルコーチでもあるエドゥアルド・ポンスの「過去4シーズンのデータを収集した研究」

によれば「走行距離は減少しているが、高い強度で走った距離とスプリントの回数は増加している」。このような分析をベースに、ディエゴ・シメオネは腹心である〝教授〟オスカル・オルテガとフィジカルトレーニングを計画している。彼らの準備がマルコス・ジョレンテのコンディションを整え、彼にギリギリの場面で約90メートルのスプリントをさせたわけだ。

さらに例を挙げれば、トーマス・トゥヘルは試合におけるすべての場面を支配するという意味で、チェルシーを完全なチームに変えた。また、ユリアン・ナーゲルスマンは次のように語っている。

「試合は常に、さまざまな場面の相互作用によって定義される。なぜなら、トランジションのみをプレーするチームや、プレスまたは独占的なポゼッションしかできないチームは存在しないからだ」

このような数々の証拠に直面したときに、パフォーマンスにおける特定の側面を改善するアナリティックトレーニングの有用性を否定する頑固な指導者がいるだろうか？　あくまでヴィセラルトレーニングは、ほかの多くの提案と相互作用する提案だ。インドの宗教家バグワン・シュリ・ラジニーシは、次のように二元論から脱している。

「すべての条件づけは、毒だ」

◘指導者は選手自身の知性を活用して賢くなる

ポゼッションか、ダイレクトか？　無駄な質問だ。サッカーというスポーツは、両方を求めている。守備的か、攻撃的か？　サッカーというスポーツは、両方を求めている。フィジカルか、テクニックか？　サッカーというスポーツは、両方を求めている。思考か、本能か？　サッカーというスポーツは、両方を求めている。左脳か、右脳か？　サッカーというスポーツは、両方を求めている。

この二重性には、意識的処理―無意識的処理とアナリティックトレーニング―ヴィセラルトレーニングも含まれている。

具体的に言えば自己組織化とは、試合自体に内在する複雑な内部行為によって生み出される継続的な変化に対して、サッカー選手が適応的な反応を示す能力だ。ではなぜ、この自己組織化が必要なのだろうか？　アイルランド・メイヌース大学のショーン・コミンズ教授は、以下のように説明する。

「行動学の観点から見ると、新しい問題に対して利用できる解決策は複数あるかもしれないが、すべての解決策が学習されるわけではない。それには手間がかかりすぎるからだ」

試合がもたらす問題のそれぞれに対するすべての答えを学ぶことは不可能であると仮定してほしい。選手が実験をしながら解決策を発見していく自己組織化の能力において、機械的、自動化された論理では解決できないそれらの問題は、無意識の中で共鳴し続けている。無意識は「選手が考えられない方法」で解決策を提示することで選手を満足させようとするのだ。

しかし、可変的で柔軟な解決策を発見するために必要な実験は、試合ではなくトレーニングで行われるべきだ。したがって、ヴィセラルトレーニングは予測されたトレーニングと言い換えられる。スティーブン・ナフマノヴィチは次のように述べている。

「演奏は完全に経験に基づいており、リアルタイムで自分の能力をテストする。理論や正しい遊び方を学ぶことではなく、それを行いながら実験と発見を繰り返すことだ」

ヴィセラルトレーニングはまず、選手に蓄積された知識を解放する。そして、さまざまな実験によって学ばれる方法を強化していき、新しい学びが現れることを可能にする。であれば、指導者が用意するものは最低限のもので構わない。

次のように考えてみてほしい。指導者がどこにでも顔を出してしまう場合、選手は単なる下支えに徹せざるをえなくなる。分析を得意とするそのような指導者は、選手の自然な知性に対する信頼はなく、自らのアイデアしか信用していない。だが、選手は指導者の分析力によって試合中に独自の知性を開発するわけではない。選手は自身の知性を活用して賢くなるのだ。

元北アイルランド代表のポール・マクヴェイはプレミアリーグでも活躍したが、２０１３年に出版された彼の著書は『ザ・ストゥーピッド・フットボーラー・イズ・デッド（馬鹿なサッカー選手は死んだ）』というタイトルだった。つまり、すべての回答が予測できるわけではないので、回答が発生した場合の対応方法を知っておかなければならない。そしてその答えは、意識的な処理よりも無意識的な処理にある。

脳は何が起こっているかに基づいて自分自身を組織化している

「新しい問題に直面したとき、私たちは過去に効果があった戦略を適用することで、一般的に徐々に解決策に近づけようとする。ただし、場合によってはトラブルシューティング（何らかの原因により発生した異常事態を解決し正常な状態にするための方法。あらかじめ想定された異常事態について解決方法がマニュアル化されたものを指す）の試行中に、解決策に少しでも近づくように感じたか、トラブルシューティングを諦めたときに、解決策がどこからともなく現れる」

*Kizilirmak et al.（2018）

これは、「理解の瞬間」と呼ばれる。脳はまた、何が起こっているかに基づいて自分自身を組織化している。そして、理解の瞬間は私たち自身から自立することによって行われる。ヴィセラルトレーニングによる自己組織化への挑戦は、自己創出への挑戦、つまり生命機能を特徴づける継続的な自己再生の性質と密接に関連している。この自己再生は、次のことを目的としている。

①セルフプロデュース（潜伏していた本来の能力を出現させる）
②自己維持（その選手のパフォーマンスを維持する）
③自己更新（その選手の質的な飛躍を達成する）

大袈裟に思えるかもしれないが、ヴィセラルトレーニングはこれらの3つを手助けしようとする。ヴィセラルトレーニングは、指導者が信じる制限的で偏った提案からではなく、試合と同じような誘発からサッカー選手の自己再生（成長、更新、進化）を求めていく。指導者は自分への宿題として、試合に適応しなければならない。なぜならタスクが指導者に適応するわけではないからだ。確かに指導者の知恵は、選手が重要な部品と付属の部品を区別するために非常に重要なものだ。しかし、アメリカの作家アイザック・アシモフが何年も前に非難したことが起こる危険性があるため、指導者の知恵には注意が必要だ。

「この時代の最も悲しい側面は、社会が知恵を蓄積するよりも、科学が知識を蓄積する速度のほうが速いということだ」

通常、明確に定義された特定のトレーニングメニューを使うと、意図したとおりに改善するか、改善しないかのいずれかだ。ヴィセラルトレーニングを使用すると、意図した意図を改善できるだけではなく、考えたり計画したりしていないほかの意図が改善されることもある。それこそが、ヴィセラルトレーニングの面白さと幅広さだ。

バクテリア、または細胞から生物が住む惑星としての地球までが「オートポイエーシス（自己創出）理論（1970年代初頭、チリの生物学者ウンベルト・マトゥラーナとフランシスコ・バレーラが発案した生命体がいかに世界を認知観察しているかという生命の本質を考察するための理論）」だと考えられる場合、本質的にサッカー選手およびサッカーチームも推移的な存在だ。

5 自己組織化についての学び

「比類のない精度、効率、速度で複雑系を形成する生物学的機能は、自己組織化の優位性における好例だ」

――アントニオ・エスコホタード・エスピノサ（スペインの哲学者、エッセイスト）

「試合は、補完性によって流動的に表現される。多くは、相手を動かすことで数的優位性を生み出し、特定の選手の位置的優位性を最大化するために、動きや直線的な軌道の点で指導者によって強制される。それにもかかわらず、最良のものは有機的に現れるものだ。言い換えれば、その関連性の機能の中で起こりうる相互作用の産物として、外部からの影響を受けずに一部の選手を集めて、ほかの選手を引き離すという単純な事実のために出現するものだ」

これは、メキシコ代表での指導初日に、ヘラルド・マルティーノが発見したものだ。彼は、ラウル・ヒメネス、ヘンリー・マルティン、そして最近ではロヘリオ・フネス・モリが、2列目の選手を完全に補完していることに気づいた。

本章を開始するフレーズを引用したスペインの哲学者は、次のように補足している。

「自然の機能を維持することは、中央集権的な管理の問題ではない。秩序は自己組織化によってのみ維持される」

私は学校で、教師としてそれを感じてきた。子どもたちが集まって広場で遊ぶようになると審判や調停者は、もはや必要のない存在だ。

イギリスの経営コンサルタント、ガレス・モーガンは著書『イマジネーション』の中で、動物界における自己組織化の幻想的な世界について描写している。人がシロアリから学ぶことは前代未聞のことのように思えるかもしれないが、なぜだろうか？　私たちは、合理的、論理的、連続的な組織化の能力を過大評価し、自己組織化プロセスを過小評価してきた。残念ながら、良くも悪くも、指導者の組織的介入による効果を観察するほうが、選手の自己組織化プロセスを出現させるよりも簡単だからだ。私たちは今、シロアリから謙虚に学ばなければならない。モーガンは、次のように記述している。

「彼らが巣をつくり始める地面は、最初は平らだ。シロアリは、手当たり次第に土を取り

除くことから仕事をスタートする。徐々に、土の盛り上がりが現れる。これらはその後、持続的な建築活動の中心となり、多かれ少なかれランダムな位置に柱が配置されていく。柱が一定の高さに達するまで建設が続く。十分に高い柱が完成すると、それらが上部で丸みを帯びたアーチを形成するまで建設が再開される。時間が経つにつれて、これは一種の自由形式の建築を生み出す。これは、洞窟とトンネルがつながった構成になっており、換気され、湿度が制御され、美しい形で構成される。アフリカシロアリの巣は、高さ3メートル、長さ35フィートにもなる。その巣は何百万ものシロアリを収容することができる。相対的に言えば、人間では高さ1マイル（1600メートル）を超える建物に相当する。ご想像のとおり、この偉業は多くの科学者の注目を集めている。これらの小さな生き物は、どのようにしてこのような建築の傑作を生み出すことができるのだろうか？　女王アリは塚の中央にある王室に居住する。彼女が、コロニー内のコミュニケーションプロセスにおいて重要な役割を果たしていると考えられている。

計画があるとすれば、それはどこから来たのだろう？　シロアリはどのように行動を指示し、制御するのだろう？　彼らはどのように仕事を調整しているのだろう？　巣が破壊されたときに巣の一部を修復し、元に戻す能力をどのようにして獲得するのだろう？　ここには多くの、未解決の質問がある。本能、習慣、さまざまな形のコミュニケーションが重要な役割を果たしていると考えられる。例えば、シロアリの唾液沈着物は、シロアリのコミュニケーション機能の一部だ。しかし、1つ明確なことがある。シロアリは人間が家やオフィスビルを建てるのと同じように、巣をつくっていないということだ。彼らは決められた計画に従っていない。シロアリの行動の研究から明らかになった印象的な理論は、コロニーの働きは混沌から秩序が生まれる自己組織化プロセスを反映しているというものだ。巣は常に見慣れたものに見えるが、詳細な形状は無限に変化する。細かい構造は結果として浮かび上がるもので、予測がつかない。そのため、建設プロセスは人間のプロセスとは大きく異なっている。『傑作』は、一般的な目的と方向性から生まれるように見えるが、実のところはオープンな方法で導かれるランダムで混沌とした活動から進化する。このシロアリの行動ビジョンには、人間の組織における伝達プロセスの多くの側面を反映する素晴らしいイメージがある。例えば、効果的な変更の実施または管理は、詳細な戦略計画に基づく必要がないことを示唆している。それは、押しつけるべきものでもないのかもしれない。自己組織的かつ進化的な方法で出現し、適合できるものである可能性もある」

「傑作」はオープンな方法で導かれる混沌とした活動から進化する

したがって、トレーニングは、選手が単なるパフォーマーとして課せられる厳密な計画ではない。ファン・マヌエル・リージョが語るように、選手の相互作用を可能にする不確実な空間が必然的に存在しなければならない。

「サッカーに行動はなく、相互作用がある。つまり、彼らの進化能力をテストしなければならない。その進化は、外部からの決定論的なものではない。ジェームズ・ヴォーン（研究者）が述べるように、『優れた意図を形成することは、適応的で、本能的で、潜在的に創造的なプレーの機会を犠牲にすることなく、最適なレベルのチームの調整と自己組織化（つまり、同期性）を促進することを目的としている』」

同じことが、試合についても当てはまるはずだ。先ほど引用した重要な箇所について、再度考えてみよう。

「傑作」は、一般的な目的と方向性から生まれるように見えるが、実のところはオープンな方法で導かれるランダムで混沌とした活動から進化する。

この観点から考えると、優れたゲームモデルは、選手のイニシアチブ（および相互作用）を抑圧する教義ではない。恵まれたゲームモデルは、遊び方に意味を与える「オープンプラットフォーム」なのだ。カステリョンの監督アルベルト・ルデがコメントするように、「賢い変更」と呼ばれる種類の変更が存在している。それは、本質を失うことなく選手が環境に適応できるようにするものだ。

この観点から、ヴィセラルトレーニングは、ゲームモデルを尊重しながら、そのすべての構成要素と、考えられる計画外の意図しない派生物を受け入れることを可能にする手段だ。したがって、フロー状態で戦略的方向性を補完する知的な選手を育てることを可能にする。ヴィセラルトレーニングは適応力と自己組織化の強化によって、選手を成長させるのだ。

6 自発性の調整

「コーチングスタッフの立場から、私たちは選手がより自発的で創造的になる方法を常に探求している」

——ペパイン・ラインダース（リヴァプールアシスタントコーチ）

サッカーというスポーツは、事前にリハーサルされたものや解決策として予想に基づいて構築されたものだけを調整するわけにはいかない。研究者のローラ・ビショップが音楽の分野について説明していることは「自発性を調整する」必要があるということだ。ビショップの言葉を、サッカーの世界にも適用してみよう。括弧内は、私の追記だ。

「音楽的な（サッカーの）パフォーマンスは、本質的に社会的なものだ。ほとんどの楽曲（試合）はグループで演奏されているし、独奏者でさえも誰かに聞いてもらおうとしている。また、本質的に創造的なものだ。演奏者（選手）は楽譜（戦術）を自ら解釈しなければなら

ず、新しい音楽的な素材（戦術的決定）を即興的に処理する。また、予期しない条件に適応しながら、技術的な失敗を修正しなければならない」

これは、逆説的にさえ思える。自発性は純粋な論理だ。もし自発性が自然発生的なものであると仮定するなら、自発性を調整することは難しい。しかし、実際の世界では自発性が起こっている。つまり、楽譜がなくても彼らは即興的な演奏に興じるのだ。エドガール・モランは、サッカーについて次のようにコメントしている。

「選手たちの間に、テレパシーのようなものがあるとは思えない。一種のシンフォニーを醸成するために、彼らをダンスさせたことがある」

おそらくこの理由から、我々はピッチをテメノス（神の領域）だと考えるべきだろう。ちなみに古代ギリシャでは厳格なルールが適用される神聖な空間であると同時に、予想外の事象も期待されていた。言い換えれば、私たちは自動化されたものを期待している一方で、その正確な瞬間と特別な状況に応じて調整される自発的な行動も期待している。私たちは皆、サッカーの試合において、規定されていた順序を自発性に置き換えたチームの成功を見てきた。この新たに出現した秩序がどのように自己組織化するかを知るためには、神経科学と心理学における集中的な研究の成果を待つ必要がある。

この点で、ヴィセラルトレーニングには強みがある。それは、特定の自発性を調整するのに役立つ状況を提供できるからであり、ビショップが示唆するように、即興で予期しない実行条件に適応し、技術的な失敗にも適応する必要があるからだ。これらの失敗は、運動の変動性とヴィセラルトレーニングによって引き起こされる変動性の結果として現れる。一部の研究者が示唆しているように、精度を上げてこれらの失敗を補正するために、神経系は感覚的なフィードバックを運動上の指示に変換する必要がある。

研究者のフレデリック・クレヴクールは、次のことを証明している。

「運動の神経科学における最近の発展は、神経系が非常に短い時間規模（上肢の場合は100ミリ秒）で高度なフィードバック制御を実行することを一貫して明示している。これらの観察結果は、視覚と固有受容などの感覚機能の時間的遅延が数十ミリ秒異なることを考えると、神経機能がそのような短い時間間隔で発生する感覚フィードバックの複数のソースをどのように処理するかという重要な問題を提起し、別の研究で『どのように脳がリアルタイムで多感覚統合を行っているのか？』という未解決の疑問を生む」

速く長い潜伏反応で最大速度を達成すること

勝利と敗北は数秒間隔で決定すると信じている人には、恐ろしいニュースがある。実は100ミ

図11：各反応と速度

反応	プロセス	スピード	トレーニング方法
速く短い潜伏反応	無意識	20—45ミリ秒	ヴィセラルトレーニング
速く長い潜伏反応	純粋な無意識？ もしくは無意識—意識？	45—105ミリ秒	ヴィセラルトレーニング
意識的な反応	意識	120—180ミリ秒	伝統的トレーニング （例えば2タッチ制限など）

リ秒以内に、複雑なフィードバックプロセスがすでに実行されている。つまり、1秒の10％未満だ。100ミリ秒未満（または10分の1秒未満）を、本能、直感だけが解決する。本書のタイトルの理由が、そこにある。指導者はその速度を求め、その速度に向かって進んでいかなければならない。この作業は、恐ろしいものになるかもしれない。意思決定と実行スピードをわずか数ミリ秒向上させるために、何百ページも必要とするからだ。

しかし、試合で勝利したり、大会に勝ったり、金メダルを獲得したりするのに必要なのが、その向上した「数ミリ秒」になるかもしれない。意識的だとされている反応は、120〜180ミリ秒後に記録される傾向があるため、100ミリ秒未満の反応は無意識であると考える必要がある。より反射的な性質の応答、または速い運動応答は、短い待ち時間の速い応答（20〜45ミリ秒）と長い待ち時間の速い応答（45〜105ミリ秒）に分割されている。言い換えれば、純粋な無意識のように見える応答、無意識と意識の共謀があるように見える応答、および明らかに意識されてい

図12：反応速度の基準

反応	スピードレンジ	スピード	サッカー選手
速く短い潜伏反応	20―45ミリ秒	20ミリ秒	速い選手
		30ミリ秒	通常の選手
速く長い潜伏反応	45―105ミリ秒	45―65ミリ秒	速い選手
		65―85ミリ秒	通常の選手
		85―105ミリ秒	遅い選手
意識的な反応	120―180ミリ秒	120―140ミリ秒	速い選手
		140―160ミリ秒	通常の選手
		140―160ミリ秒	遅い選手

る応答が存在するということだ。
次のことを、想像してみたい。

❶サッカー選手は、反応が45ミリ秒よりも105ミリ秒に近いかどうかに応じて、長い潜伏時間の高速処理の中で遅くなったり速くなったりする可能性がある

❷サッカー選手は、反応が120ミリ秒より180ミリ秒に近いかどうかに応じて、意識的な処理の中で遅くなったり速くなったりする可能性がある

そして、これこそが私たちがヴィセラルトレーニングで目指すべきことだ。

「速く長い潜伏反応で最大速度を達成すること」がカギになる。私は選手が１０５ミリ秒よりも45ミリ秒に、可能な限り近づくようにしていきたい。

そして、この実験室でのデータをベースにした反応速度の概念は今後、技術の進歩によって解き明かされていくことになるだろう。実際のサッカーにおける反応のメカニズムは、まだまだ未開の地となっている。

7 カオスの探求

「秩序が求められるとき、混沌はより豊かになる。混沌は常に秩序を打ち負かすものだ」

——テリー・プラチェット（ファンタジー小説『ディスクワールド』シリーズで有名なイギリスの作家）

混沌は生命を生み、秩序は習慣を生む。現代のサッカー選手には習慣が多すぎるのではないだろうか。彼らに少しの「カオス」を与える必要はないだろうか？　結局のところ、その混沌は、秩序と習慣を豊かにする。現代の強豪チームは、攻撃の局面にカオスを加えようとしている。ペップ・グアルディオラが現代サッカーを精査し、未来を予測していたとき、彼はバイエルン・ミュンヘンの監督だった。ジャーナリストで元アスリートであるマルティ・ペラルナウは、ミュンヘンで1年間グアルディオラに同行しながら、書籍を執筆した。

『グアルディオラ総論（邦題）』において、イグナシオ・ベネデッティ（ジャーナリスト）との対談で、ペラルナウは次のように語った。

「サッカーは混沌の中で始まり、秩序によって整理され、ゲームシステムやゲームモデルなどによって組織化されてきた。そして今、その秩序から混沌へと向かっている。1860年に出現した最初、誰も理由を知らない混沌とは異なった混沌だ。今、私たちは組織的な混沌へと近づいている。それは、多くがイングランドで働いている世界有数の指導者たちが追い求めるフレームワークだ。彼らは特定の秩序や特定の組織に縛られるのではなく、より混沌で流動的なサッカーに向かって進んでおり、堅実で区画化され硬直したサッカーを否定している。もちろん、その枠組みの中には、異なるアイデンティティが存在する。グアルディオラ、クロップ、トゥヘル、ビエルサ……彼らはすべて同じイデオロギーの枠組みを共有しているが、それぞれが独自の方法で、またそれぞれが抱えている選手と議論する。そして論理性こそ、重要だ」

ヴィセラルトレーニングは、「オーガナイズドカオス（組織化されたカオス）」を追求する。カオスへの回帰は、ビッグデータの力に対する人間の本能的な反応なのだろう。今、ビッグデータによってすべての試合パターンが見えている。ビッグデータによって提供される情報は、チームが構造化されているパターンを分析していく。現代サッカーにおいて、私たちはテーブル上のカードでポーカーをしているようなものだ。つまりビッグデータによる分析は、私たちに情報を開示した状態の競争を求める。誰もがプライバシーを、細部まで観察されてしまう。

近い将来、特に技術的、戦術的事象を予測するために、サッカー界は人工知能を活用するはずだ。研究者のアンドレヤ・ブビッチ、イブ・フォン・クラモン、リカルダ・シューボッツが予測の理論化プロセスについて述べているように、技術的、戦術的事象が予測可能となる根拠は、それらの事象が現代サッカーでは非ランダムに発生するゆえ、人工知能が決定論的もしくは確率論的という異なる事象間の規則性を抽出できるようになるからだ。

私たちが親しんでいるサッカーの文化は、革新的というよりも保守的である傾向からは逃れられないのかもしれない。エドガール・モランいわく、「複雑系のアイデアは、医学、教育、ビジネスよりもはるかに遅れてサッカー界にもたらされた」。しかし、だからこそ、カオスが生む多様性に直結する創造性と革新性は、21世紀のサッカーにおける最も貴重な資本となるに違いない。

選手をカオスの中でフロー状態に導くことを目指す

マルク・バルトラ（バルセロナユース出身のＤＦ）は真実を語っている。

「対戦相手は通常とはプレスの方法を変えてくることもあるが、通常、選手は慣れているプレーに帰結する」

ここでは、長年の無意識的な自動化の影響について、選手がどのように懸念しているかに注目してほしい。誰が引き起こしたものであろうと、これらと同じような自動化は、ビッグデータが簡単かつ迅速に検出してしまう。この創造的な探求において、サッカーが進化するプロセスで手に入れたものをすべて失うことなく、混沌のレベルを上げることを可能にする手段が必要だ。言い換えれば、試合の戦術的な準備や、各ポジションの最低限の決まりを与えず、11人の選手をピッチに投入することを無邪気に実行する指導者はいない。カオスへの回帰は、何年にもわたって繰り返されてきたパターンを打破しようとしている。

多くの指導者は、予測不可能な要素を生成するよりも削減するために多くのことを行っており、エントロピーを生成するよりも阻止するために多くのことを行っている。最も憂慮すべきことは、彼らが対戦相手の予測不可能な要素を減らすために働いただけでなく、ボールに対する機械化と固定観念化により、自チームの予測不可能性を低下させてしまうことだ。

ヴィセラルトレーニングは、選手をカオスの中でフロー状態に導くことを目指す。そしてカオス局面における豊かな情報は、ゲームモデルに基づいた秩序と融合していく。そうなれば、もともとのカオスに戻ることはない。特定のカオス状態への回帰は、選手たちにとっては新鮮な風になるかもしれない。カオスは、一定の制限によるトレーニングでは発生しない。

一方で選手が急にカオスを求められた場合、彼らは麻痺する恐れがある。あるいは、彼らは数分間それを楽しみ、すぐに「通常の秩序」に戻るかもしれない。試合をコントロールできないということは、選手のコントロールを失うことと同意だ。さらに、「コントロールされていない」と見なされるリーグも存在する。

シャビ・アロンソはプレミアリーグへの適応について、次のようにコメントした。

「プレミアリーグのサッカーは、とても異なっていた。過去に経験したサッカーよりもコントロールされておらず、コントロールすることが難しかった。なぜならロングボールでカウンターを狙ったあと、そこで発生することが予測できないからだ。しかし、コントロールが難しくても挑戦しなければならない。誰もがコントロールできない局面があり、そこで失敗の確率を下げることを求められる」

高い変動性の結果として、ヴィセラルトレーニングではセカンドボールとセカンドプレーの豊富さが保証されている。サッカー選手は、シャビ・アロンソが言及したように「コントロールの欠如」を抱えながら苦しんでおり、永続的かつ無意識にそれをコントロールしようとしている。ヴィセラルトレーニングは、意識と秩序のレンズを通せば混沌に見えるだろう。特定の狂気と奇抜さの中でだけ、カオスとの共存を奨励し、受け入れることができるのだ。

ヴィセラルトレーニングは、ヌーノ・アメリオ、ブルーノ・オリベイラ、ヌーノ・レセンデ、リカルド・バレットがジョゼ・モウリーニョの書籍で言及したように「目的を達成するため」に使うべきだろう。それこそが、機械的でないメカニズムだ。トレーニングでは、確立された秩序に混沌を生み出すために、自発的な行動が発生する状況を促進する必要がある。これは、チームがピッチで機能的に組織化するか、またはどのように組織化するかを指している。私たちは、トレーニング中の選手に自発的かつ創造的に状況を解決するように強制する演習を通じて、創造性や自発性のない硬直したメカニズムを破壊する創造性を探す必要がある。

豊かな環境下におけるマウスの実験で、グレゴリー・クレメンソンは次のことを発見した。

「空間の探索行動が少ないマウスは、豊かな環境のケージ内で複数の場所の間（例えば、巣と餌場の間）を行ったり来たりする傾向があったが、空間の探索行動が多いマウスは、ケージ全体を自由に移動する傾向があった。そして個々の探索行動は、海馬の神経新生と正の相関があった」

環境を豊かにするということは予測不可能な動きを奨励すること

豊かな環境は、サッカー選手にとっても不要なものではない。セルヒオ・エスペソ＝ギルが定義しているように、「環境の豊かさは、一定の新規性と複雑性を提供、維持するための感覚的、身体的、認知的、社会的な刺激などの外的要因を表しており、したがって将来の学習プロセスの重要なベースを築く」。

シェーン・オーラインらの研究室も、豊かな環境の重要性を認めている。

「複数の研究で示されているように、環境の豊かさは学習と記憶に大きな影響を与え、認知能力の向上を助ける」

つまり、環境を豊かにするということは予測不可能な動きを奨励することであり、まさに「混沌への回帰」においてペラルナウの予測が求めていることだ。研究では、動物に豊かな環境を与えることで、海馬の神経新生、シナプス形成、樹状突起の密度と複雑さが増加し、シナプスタンパク質と神経栄養因子の発現も増加する可能性があると述べられている。結局のところ、神経回路は環境によって洗練されていくのだ。加えて、海馬回路のこれらの変化が「空間学習と記憶を含む海馬依存の認知改善」につながることも示唆されている。

ヴィセラルトレーニングによって強化されたトレーニングが実際に同様の効果をもたらす場合、サッカー選手の脳の可塑性への貢献も可能だろう。プロのミュージシャンの脳を対象にした研究によれば、アマチュアのミュージシャンと比べて運動、聴覚、視空間領域でより多くの灰白質が発見されている。サッカー選手でも、同じようなことが発生するのではないだろうか。

スウェーデンの生化学者スネ・ベリストロームは、次のようにコメントしている。

「脳は機能であり、双極子であり、カオスジェネレーターとオーダージェネレーターで構成されている。中央には脳の神経生理学的『I（私）』があり、そこでこれらのジェネレーターの効果が相互作用している。創造性を生み出すのは、この相互作用だ。現代の西洋教

育は、混沌とした極を抑圧するために、秩序だった論理の極を強化する傾向がある。その方法では、創造性が助長されない。企業で創造性をトレーニングするには、新しい方法が必要になる」

ベリストロームはサッカーについて語っていたわけではないが、彼の言葉はサッカーの世界にも完全に当てはまっている。

❶私たちはサッカー選手の頭脳を、混沌よりも秩序を重視しながら教育してきた
❷その方法だと創造性が失われてしまう
❸だからこそ新しいトレーニング方法が必要だ

第5章

神経科学

FOOTBALL VISCERAL TRAINING

1

奇をてらわない神経科学の適用

実はタスクの性質を増やすことは、脳を活性化するために必要な条件ではない。確かに負荷を独立させて脳に一点集中させることは良い刺激にはなるが、必ずしも最良の刺激になるとは限らない。なぜなら、タスクは基本的に生理学的な観点から切り離されるべきではないからだ。いくつかの研究によると、神経刺激が最も感知されるのは、身体的負荷と認知的負荷が相互関係にあるときだという。

この感知は、サイクリング運動時の有酸素研究で発見されている。この結論がサイクリング運動で証明された場合、私の推論では同研究をサッカーに応用することも可能だとみている。さて、同研究は、サイクリング運動をしながら不定期で何かしらの反応を求めるテストを2つのグループに分けて行った。1つのグループはVo2max（最大酸素摂取量）の80％の強度で運動させ、もう1つのグループはVo2maxの30％の強度で運動させた。

それでは、ルーベン・シリアの結論を説明しよう。

「グループベースのテストでは、軽い強度のサイクリング運動と比較したときに、中強度から高強度のサイクリング運動中のほうが、周波数スペクトル（光や信号などの波を成分に分解し、成分ごとの大小を見やすく配列したもの）全体のパワーが増加することが明らかになった」

この研究結果を知ると、孤立した認知要求に対し、具体的かつ状況に即した認知要求の必要性をさらに評価することができるだろう。マウスを操作するコンピュータの前でも高速の認知は改善されるが、ボールを扱う対戦相手の前では高速の認知はより改善される。となれば、高速の認知を改善するには、ピッチにおける動きという特定の発汗を伴わなければならない。

神経および認知的刺激は最大の専門性で発生する

具体的には、静止状態で行う予定だった刺激を、少なくとも運動状態で行うようにすることだ。この科学的研究によって裏づけられた私の仮説は、神経および認知的刺激は最大の専門性で発生するというものだ。

① フィジカル的負荷のない、ピッチ外での活動
② フィジカル的に中程度の負荷がある、ピッチ外での活動

③ フィジカル的に高い負荷がある、ピッチ外での活動
④ フィジカル的に中程度の負荷がある、ピッチ内での活動
⑤ フィジカル的に高い負荷がある、ピッチ内での活動

最大の専門性ではないすべてのケースでは、「漏れ」を補うために協力しなければならない。例えばスピードを向上させるため、必要な刺激を補うためにスプリントトレーニングを実行するフィジカルトレーナーがいるのと同じように、「認知漏れ」の可能性も予測する必要がある。アナリティックトレーニングを行えば行うほど、「認知的、知覚的、意思決定の漏洩」のリスクが増加する。その結果、ヴィセラルトレーニングの必要性が高まる。ヴィセラルトレーニングをベースにトレーニングを設計すればするほど、認知能力が低下する機会が少なくなり、代償的な認知トレーニングの必要性が減る。

2 サッカーと神経科学の融合

「サッカーは脳の試合だ。速すぎてもダメだし、遅すぎてもダメだ。正しいタイミングで、正しいポジションにいなければならない」

——ヨハン・クライフ（元オランダ代表ＭＦ、元バルセロナ監督）

それぞれの脳領域に厳密にリンクされた処理があるという発想は、正確な表現ではない。なぜなら、ヴァレンティン・フスターが主張するように、認知機能は重なり合いながら深く相互接続された神経系ネットワークだからだ。または、ガルシア・モリーナが述べたように、「脳には、人々がそれを研究し、理解するために定義した人工的な境界は存在しない」。脳は、大規模な機能的ネットワークで機能している。認知機能はどの領域であっても、分散した神経活動の統合が必要だ。または、ジョン・キーリーとデイヴ・コリンズが指摘しているように、「脳は広範な可塑性により、分散調整された制御の堅牢な機能を段階的に構築している。これらの機能は、集合的に深く絡み合っているため、それらの機能を個別に説明すると、その複雑な性質がわかりにくくなる」。

しかし、最新の研究論文は特定の脳領域に焦点を当てることが多く、本書も同じアプローチを選択している。アメリカ・スタンフォード大学の神経生物学教授であるアンドリュー・ヒューバーマンは、次のように説明している。

「過去10年間に神経科学に起こった最も素晴らしいことの1つは、生物学、生理学、心理学だけでなく、物理学、工学、情報処理理学、栄養学、動物行動学、経済学などから優秀な人々が流入したことだ。この分野は、急速に発展している」

「神経科学は、巨大なパズルのようだ。我々それぞれが、その1ピースになれる。すべてのリサーチを統合させたとき、大きなイメージが描けるのではないかと期待している」

――ビアンカ・シーヴェリッツ（アメリカ・ニューヨーク大学の研究者）

3 視床腹内側部と意思決定

視床腹内側部は、主に運動に関連している。そのニューロンの多くが、運動皮質で機能するからだ。また、運動皮質は運動と非常に関連しているため、その悪化はパーキンソン病につながることでも知られている。しかし、最近は、ほかにも多くのニューロンが前頭前皮質として知られている領域にまで到達していることが発見されており、潜在的費用と潜在的利益に関連する意思決定にも関与できる可能性を示している。前頭前皮質はあまりにも包括的な脳空間であるため、研究者たちは意思決定が辺縁前皮質と呼ばれる小領域で発生することを発見した。ちなみに、これは意思決定に加えて、作業記憶（作業に必要な情報を一時的に保存する能力）や恐怖の条件づけにも役割を果たしている。

「空間認知と運動制御は、動物の脳における基本的な機能だ。しかし、空間認知は困難で、正確な幾何学とマルチモーダル（複数の手段）な感覚情報との融合が必要であり、希少な中央リソースである視床を機能させせなければならない。これは、皮質—皮質経路を構成することにより、繰り返し行われるタスクを皮質に迅速かつ効率的に委任する必要があることも意味

している。（中略）研究は、知覚、注意、記憶、タスクへの委任、学習、運動制御、実行上の意思決定など、幅広い認知機能に視床が関与していることを示している」

*Worden et al.（2021）

新しいタスクはヴィセラルトレーニングの設計には不可欠なものだが、この研究論文から「視床の処理は生産性の低い限定されたものとされ、特に新しいタスクに専念してしまうことだ」ということが示唆されている。しかし、視床の背内側核（ＭＤ）が特定のタスクにのみ専念してしまうことに対しては多くの疑問が生じる。サッカーのタスクで言えば、まずそもそも意思決定はそこまで考えられていない。さらに、動作計画の決定こそ視床枕部で表される空間内の３次元物体に依存しているとはいえ、その計画した動作の内部シミュレーションといったタスクが必要となるからだ。

例えば、ジャンプひとつをとっても、「ジャンプしたらどのくらい跳べるだろうか？」という内部シミュレーションをしており、「前回そのジャンプをしたときにどのくらい跳べただろうか？」という最近の記憶を元に内部シミュレーションをしている。であれば、これらのタスクは今どの段階にあるのかという状況を踏まえながら提起される必要がある。

それこそが動作計画の本質であろう。満足の行く動作計画を見つけたら、次に、その動作を実行しながら監視する必要がある。研究者のロバート・ワーデンらは以下のように続ける。

「これは、３次元で何がどこにあるのかという瞬間ごとの正確なモデルを必要とする別の

タスクになる。視床のMD（およびおそらくほかの視床核）は、視床枕部で組織化された周辺空間の共有生成モデルを使用して、計画を立て、想像力でテストし、前頭前皮質で新しい動作、または複雑な動作を実行する役割を担っている」

皮質と視床は同じサイクルで振動している

同じ研究者は、いくつかの矛盾にも言及している。「タスクの学習と実行におけるMDの役割に関する多数の研究を考えると、証拠が矛盾しているように見える場合もある。しかし、大枠で考えるとMDは、日常的なタスクよりも『試行ごとの、迅速な連想的学習と意思決定（Mitchel; 2015）』に関与している」と主張されている。

「感覚情報の空間的な方向は、スレート（粘板岩）としての視床の中心的な機能の1つだ。これは、視床情報の『門』という、より強力な概念で表されることが多い。その門は、単に神経経路のオンとオフを切り替える視床と考えられることがある。それは、単純なオン、オフフィルターの一種、または励起の上下調整だ。しかし、それはまた、感覚情報の正確な空間ルーティンの確立および皮質モジュール間の神経伝達の通過と見なすこともできる。これは、単純な門よりもはるかに複雑な役割だ。これは、計算ではなく信号処理の

要件だ。視床は感覚情報を空間的に指示する」

沖縄科学技術大学院大学の科学者でもあったビアンカ・シーヴェリッツは、視床腹内側部のニューロンが辺縁前皮質内の抑制性ニューロンにも信号を送信していることを発見した。抑制性ニューロンは、ほかのニューロンの発火を遅くしたり停止したりし、脳の活動を慎重に制御するために不可欠だ。この神経科学の観点からの意思決定プロセスは、サッカー選手の意思決定プロセスにも対応しているのだろうか？　それとも、サッカー指導者が試合前に分析、研究しているときの意思決定プロセスにも関係しているのだろうか？

研究者のジョン・キーリーらは、次のように結論づけている。

「人間の視床下核は、前頭前野などの脳の認知領域とシナプスに接続されている。視床下核の個々のニューロンと電場と電位は、認知処理中に変調されて、内側前頭前皮質（MPFC）の4ヘルツ振動と一致している」

精神科医のアリク・ウィッジは、次のように主張する。

「人間の大規模な前頭前野皮質ネットワークの記録は、認知制御の重要な要素として、領域間のシータ波（5〜8ヘルツ）と局所集合電位（LFP）の同期性を示唆している」

いくつかの興味深い推論を、次に示す。

①運動機能を制御するための重要な部位としての視床下核（開始された応答を停止するなど、運動装置の出力を動的に変更する役割）

②前頭前野などの認知領域につながる視床下核（①と②は、認知制御と実際の動きを統合する）

③4ヘルツの振動

④4ヘルツの振動はシータ波に対応する

シータ波は、深い静けさの状態に関連しており、空想や白昼夢の状態に関連している。例えば、私たちが車を運転していて、数キロメートル走ったあとにそれに気づくことがあるかもしれない。明確な認識がなくても、問題なく運転している時間があるということだ。この状態ではタスクは独立し、単独で実行されているので、意識的な制御を必要としない。

そのほかの研究では、皮質と視床が同じサイクルで振動することを示唆している。これはサッカー選手の脳科学において、特効薬になるのだろうか？　トップレベルの選手たちは、制御することなく最高のプレーを実行する。偶然にも、最高の詩人も同じだ。

「背外側前頭前皮質（DLPFC）**の活動は、構成中に減衰し、進行中に再び損なわれたが、動機づけや無意識の意思決定などの複数の認知機能に関連するMPFCは、両方の**

間がアクティブだった。さらに、熟練した詩人は、作詞中にＤＬＰＦＣの有意に強い非アクティブ化を示したが、ＭＰＦＣの活性には有意差はなかった。したがって、熟練した詩人はモチベーションを維持しながら、トップダウン制御（脳内情報の選択機能を誘導するのと同時に行動の目的に応じた情報選択を行うこと）をより効果的に一時停止している。まとめると、これらの研究結果は開かれた創造的で不確実な行動が、ＭＰＦＣ活動レベルで表されるモチベーションを維持しながら、ＤＬＰＦＣ活動レベルで表されるトップダウン制御を抑制できる一方で、固定された行動がトップダウン制御を改善できることを示している」

*Daikoku et al.（2021）

メッシは無意識にスタートし無意識にストップすることができる

リオネル・メッシが何度もブレーキをかけたり方向を変えたりするという驚異的なプレーを実行するとき（さらに、彼は考えずにそれを実行していると私たちに告げている）、それは視床下核が前頭前皮質と効果的に通信しているということを意味するのだろうか？

研究者たちは、「前頭前皮質のシータ波の増加は反応の抑制と関連していたが、視床下核のシータ波の増加は反応の実行と関連していた」と補足している。これらの発見により、視床下核の脳深部刺激を４ヘルツで使用することで、認知能力を向上させることが可能になった。例えば、パーキンソン病患者の治療に活用されている。

「監視とは、特に重要な信号が稀な状況で、長時間、情報に注意を向け続ける能力だ。精神的に徘徊する率が高いほど、検出性能が正確になる」

*Neigel et al.（2019）

ジョナサン・スモールウッドとジョナサン・スクーラーは、次のように結論づけている。

「研究によると、精神的な気晴らしは、伝統的な実行制御の概念と多くの類似点を共有している。一方で精神的な徘徊は、ほかの目標に関連するプロセスと同様に明示的な意識なしに参加することができる。したがって、精神的な徘徊は主なタスクに向けられていないが、目標主導のプロセスと考えられるべきだ」

「過去10年間、精神的な徘徊を調査する研究が流行したが、この研究のほとんどは『意図した徘徊』と『意図しない徘徊』を区別することの潜在的な重要性を考慮していなかった。しかし、最近の一連の論文は、精神的な徘徊が意図の有無にかかわらず頻繁に発生することを示しており、さらに重要なことに、意図した徘徊と意図しない徘徊は分離可能であるという事実を発見している。この新たな文献は、これら2つの異なる認知的経験を分

解したことで、精神的な徘徊に関するほとんどの文献を再考する必要があることを示唆している」

*Seli et al.（2016）

この発見は、驚異的な発見なのだろうか？　精神的な徘徊が、緊張感のある警戒よりも優れているかもしれない。現在の多くの研究は、より高いレベルの認知に不可欠な構成要素と見なされるべき無意識のプロセスがあることを明示している。

「無意識のプロセスは、知覚と行動の両方に影響を与えることが示されている。ただし、そのようなプロセスの柔軟性は不明だ。私たちは、無意識の意思決定プロセスが感覚情報に適応できるかどうかを調査した。私たちの結果は、環境を利用して無意識の蓄積を調整できることを示しており、その結果、より迅速な選択が可能になっている。これらの結果は、無意識の意思決定プロセスが、環境に柔軟に適応することでパフォーマンスを最適化できることを示している」

*Barbosa et al.（2017）

私たちは長い間、行動の抑制は意識的な制御に反応すると信じていた。行動は完全に自発的なものので、メッシがスタートしてブレーキをかけ、再びスタートした場合、それは完全に自発的な行為だと考えられていた。特定の行動のスタートが本質的に無意識である可能性があることは、すでに研究で示されている。つまり、メッシは無意識にスタートできるが、ブレーキング（抑制制御）は、意図的な決断だと考えられていたのだ。本当だろうか？

「過去の研究は、抑制制御にはある程度の意識的な思考と意図が必要であることを示唆していた。現在の調査では（中略）抑制制御プロセスが完全に無意識で、意図しない方法で調整できるという最初の実証を提供している」

*Hepler and Albarracín（2013）

要するに、メッシは無意識にスタートし、無意識にストップすることができる。

なぜ脳は予測エラーの精度を学習するのだろうか

「視床は、認知、特に3次元の空間認知、運動計画の『黒板』だ。視床は大脳皮質を動かし、日常的な運動タスクと、場合によってはリスクと報酬の決定を皮質―皮質経路に引き継ぐことで、より状況に応じた処理のために視床のリソースを解放する」

*Worden et al.（2021）

状況に応じた処理を行うことで、過去よりも現在を重視できるようになる。予測エラーが発生したり、予期したことが起こらなかったりしても、イライラしないようにするのに役立つのだ。

「なぜ脳は、予測エラーの精度を学習するのだろうか？　多くの場合、感覚情報に頼るのか、事前情報に頼るのかを決定するのは困難だ。例えば夕暮れどきには、感覚情報よりも事前情報に頼るほうがよいだろう（感覚情報は、明るさが低いために不正確な情報を提供してしまう）。昼などの明るい環境であれば、これまでの予想よりも信頼できる正確な感覚情報に頼るほうがよい場合もある。したがって、皮質階層の下位レベルおよび上位レベルで符号化された予測誤差の精度により、昇順および降順における情報工程の最適な重みづけが可能になる。どちらが正確かによって、感覚情報や事前情報に大きな重みが与えられるのだ」

*Peters et al.（2017）

事前情報や感覚情報を信頼するべきだろうか？　トレーニングが感覚情報を除外している場合、事前情報に従うしかない。こうなれば、選手は「事前情報モード」になる。ヴィセラルトレーニングであれば、事前情報は感覚情報と融合する。脳は、「やらなければならないこと」と「現在あること」の間を行き来することになるのだ。これは、実際の試合でも避けられない状況だ。

指導者は、これを予測する義務がある。もし実際の試合において、サッカー選手の脳内で事前情報と試合が提供する感覚情報が組み合わされるのであれば、毎週のトレーニングセッションでその事前情報と感覚情報を抑制することは最善の考えではない。

これまでの情報を捨てるべきだと言っているのではない。誰もが事前の情報なしに試合することはできない。当然のことながら、事前情報が機能する場合、意思決定が容易になり、認知的葛藤と不確実性のレベルが低下する。行わなければならないことは、分析されたトレーニングからではなく、実際の試合から生じる感覚情報に直面、補完、関連づけることができる、事前情報（確実性を提供することになっている）のすべてに対応できる余白を提供することだ。

4 ドーパミンと「新規性」

「目新しさと幸福の間には、関係性がある」

——ローリー・サントス（アメリカの認知科学者）

認知科学では、目新しさは注意、感情、記憶、行動の刺激を与えるものとして認識されている。

「新しい刺激は、報酬に関連する脳の領域を活性化する傾向がある。新しいものは私たちの注意も刺激するので、何かに気づく可能性が高くなる。単純に注意力が増すだけで、気分や幸福度が向上するという証拠は多い」

*Santos（2018）

「私たちが発見したのは、いろいろなことを探求し目新しさを見つけたときに、すべての人がより幸福を感じると報告したことだ」

幸福は、サッカーチームにとって不可欠なものだ。ヴィセラルトレーニングは、既知の範囲内で新規性と不確実性を引き起こす。安定を不安定にするのだ。

*Heller（2020）

「アトラクタ（周囲の軌道を引きつける性質をもった領域）を妨害することは重要であると考えられ、（パフォーマンスの点で）進化的な価値があると考えられる」

*Renshaw et al.（2019）

ヴィセラルトレーニングは、回答しかなかったところに質問を追加する。変数の増加は、すでに安定している伝統的な変数の組み合わせにショックを引き起こすだろう。この変数の衝突によって、脳が処理しなければならない新規性の生成が増加する。イギリス・ケンブリッジ大学とキングスカレッジロンドンの研究によれば、それはドーパミンという神経伝達物質（アドレナリン、ノルアドレナリンの前駆体）であり、脳をある状況における目新しさのレベルに調整し、現実のモデルを更新したり、適切に対応したりするのに役立つ。情報が重要ではないときは、ドーパミンがそれを却下する。

このように考えると、ヴィセラルトレーニングは価値を付加する提案となる。サッカー選手の脳が有用であると理解する目新しさは、現実を解釈するモデルの更新を奨励する。脳が理解する中で価値を付加するもの以外は、ただのノイズであり単純に破棄されてしまう。

目新しさと豊かな環境でのトレーニングは特定の適応を引き起こす

ラットを使った研究では、「新しい環境（新しい住環境としてのケージ）に晒されると、視覚（視覚野）、運動機能と動機づけ行動（線条体と運動皮質）、不安（線条終末）に関連する領域の血糖値が上昇することがわかった。逆に、聴覚処理（聴覚皮質）、島皮質、下丘、自発運動（淡蒼球、線条体、運動皮質、腹側視床核）、空間認知（大脳後皮質）、および仕事の記憶（海馬、帯状皮質、辺縁前皮質、眼窩前頭皮質）に関連する領域では、血糖値が低下していた。

彼らは、次のような結論に至っている。

「探索行動に関連する脳領域の活動を阻害するのは、ストレスの多い環境だ。また、新しいケージは初期設定で処理ネットワークを抑制している。これは、動物がこの環境でより認知的に関与していることを示している」

ジョゼ・モウリーニョは、次のようにコメントしている。

「選手の集中力はトレーニングで鍛えられるし、トレーニングする必要がある。さらに言うと、選手同士が意思疎通を強いられるトレーニングをデザインしなければならない。恒久的な集中力を必要とする複雑なトレーニングだ。だからこそ、トレーニングが簡単であってはいけないし、選手がすでに問題を解決できている場合、私は新しい問題を探さなければならない」

ヴィセラルトレーニングは、モウリーニョの論点と一致しているが、その複雑性が意識の許容できる限界を超え、無意識の反応に主導権を与えるように強制する。もしかしたら、ヴィセラルトレーニングをあえて意識的にやってみる余地はあるかもしれない。しかし、長期間維持することは難しいだろう。その結果、求められるスピードで複雑性を解決することが難しくなるからだ。

ヴィセラルトレーニングでは問題が目まぐるしいスピードで現れるが、意識は一度に1つの部分しか分析できず、瞬間的な問題を解決するには遅すぎる。この初期の認知的関与は、最初は無意識の処理を検索するように指示するのではなく、むしろ逆だ。しかし、目新しさ、豊かな環境でのトレーニングは特定の適応を引き起こす。

少しずつ、目新しいものに望ましくない刺激は、高い割合で自然に処理されるようになっていく。つまり、無意識の反応が自然に起こらない場合、特定のステップが意識を無意識へと導く。この意識的、無意識的なステップは、遅かれ早かれ起こるだろう。なぜなら、新しいもの、増加したもの、豊かになったものは、サッカー選手にとって依然として「既知の目新しさ」だからだ。ラットの研究におけるケージは変わらず、その中身だけが変わっていることからもわかる。

ヴォルフガンク・シェルホルンは、この考えに近いディファレンシャルラーニングについてある結論に至っている。

「前頭葉の過負荷は、『前頭葉に十分な容量がないため、何かを変更する必要がある』ことを脳に伝えているように見えることを観察した。脳は、ベータ周波数から、学習にとってはるかに優れた周波数であるアルファおよびシータ周波数に切り替わるようだ」

実行機能は意識的な制御から独立して機能することができる

ヴィセラルトレーニングが提供する目新しさは、さらにいくつかのプラスの効果をもたらす可能性がある。1つ目は、神経科学者のデヴィッド・イーグルマンが発見したように、新しい経験によって時間が遅くなることだ。イーグルマンは、次のように主張している。

「一般的に、特に年齢を重ねてエネルギーが低下するにつれて、物事をより予測可能にしようとする衝動がある。しかし、私たちの脳のためにできる最も重要なことは、常に斬新な状況に置き、斬新な挑戦を与えることだ」

言い換えれば、指導者が自分の分析を際限なく繰り返そうとするとき（イーグルマンの言葉では「物事をより予測可能にするとき」）、彼らは何らかの形で選手の脳を古くすることに貢献してしまっている。

「新規配列の場合、皮質活動は皮質―視床皮質駆動経路（CTC）を介しながら調整される。いずれかの連続的な処理が正常に繰り返された場合、CTCの駆動活動は経験に依存した学習を通じ、対応する皮質―皮質経路に塑性変化をもたらす。数回の繰り返しが成功したあと、一連の動きは皮質―皮質経路に変化される。これはCTC経路よりも高速であり、視床の生産性の低さを回避する。視床が皮質に入ると、計画された一連の動きが習慣的になり、無意識になる。これは推測することを、学習することだ。（中略）視床の役割は、それ自体で仕事をすることだ。必要な場合にのみ、空間での動きを明示的にモデル化するという生産性が低いコストのかかる重要な仕事を、新しいタスクのために行うことだ。皮質―皮質経路から制御を引き受け、作業を並行して、より速く、意識的な参加なしで行う」

*Worden et al.（2021）

カイリー・バーンらが述べていることは、ヴィセラルトレーニングが求めているものだ。

「中程度の急性ストレスは、経験の長期的な報酬を最大化するための学習に依存する不確実な状況での意思決定を改善する」

カトリン・シュタルクとマティアス・ブランドは、次のように結論づけている。

「不確実な状況下で行われる意思決定に及ぼす影響として、ストレスはドーパミン活性率の変化によって報酬の探索とリスクの想定を増加させ、前頭前野の最適な機能を妨げることによって実行制御を低下させると仮定している」

しかし、前頭前皮質の最適な機能を阻害することで実行制御が低下するというのは間違いではないだろうか？　チェスの試合では、ほぼ間違いなくそうなるだろう。サッカーの試合では、確信が持てない。

ただ、削減されるのは、意識的に理解されている実行制御だ。つまり、複雑な認知プロセスを担っているのが、実行機能だ。これらの機能は、行動の制御を可能にすることを目的とした精神的な操作だ。つまり、選択、計画、自発的で意識的な決定を行うことを可能にしている。幸運なことに、アヴィヴァ・ベルコヴィッチ＝オハナは次の結論に至っている。

「最近の研究は、高レベルの実行制御が無意識に行われる可能性があることを示唆している」

言い換えれば、実行機能は意識的な制御から独立して機能させることができる。実際にピッチでも、無意識での実行制御が起こっているはずだ。そして、これらの多くは、ヴィセラルトレーニングを通じて最適化させる必要がある。ジョセフ・オコナーとジョン・シーモアは神経言語プログラミングのベストセラーを送り出している。彼らはまた、「最高レベルの学習は『無意識の知識』によって達成される」と主張している。高速な認知プロセスにおいて、概念は必須ではない。シュタルクとブランドは、次のように述べている。

「ストレスは、意思決定の全体的なパフォーマンスを損なう」

サッカー選手のストレスを取り除く2つの選択肢

実際に前述の結果が避けられない場合、次の2つの選択肢が考えられる。

❶サッカー選手にとってストレスの多い状況を避ける（知覚の単純化、対戦相手なしでの意思決定トレーニングなど）

❷ストレスの多い状況に対処するようにトレーニングすることで、そのストレスとより調和しながら自然な方法で対処できるようにする（ヴィセラルトレーニング）

❶は、「コントロールの錯覚」として知られている現象、要するに結果に及ぼす影響を過大評価

している可能性があることに注意しなければならない。**1**ではトレーニングにおける変数を除外しても、指導者が選手を鍛えられると錯覚してしまっているかもしれないのだ。反対に**2**はコントロールの錯覚のリスクを前提としており、サッカー選手は自分で解決策を見つけることを学ばなければならないことを認めている。指導者だけではすべての答えを与えられないということを認めているのだ。インドの瞑想指導者・Oshoが述べたように「知的な人は状況に応じて行動し、愚かな人は既成の反応に従って行動する」。

サッカー選手は、決して愚かではない。どちらかといえば、私たち指導者がスマートなトレーニングを設計していると勘違いすることで、彼らを愚かにしてしまう。一部の指導者は、「不可能なことをできる」という嘘をつく。それは、試合における絶対的な安心を提供することではある。これは場合によっては達成できるかもしれないが、保証はできない。賢い指導者や賢い選手は、絶対的に試合をコントロールすることが不可能なことを知っている。確実性は人生の本質ではなく、明らかにサッカーの本質でもない。サッカー選手が不安定な環境でプレーすればするほど、それらの不安定な環境が試合に現れたとき、彼らは影響を受けなくなる。

「真の教師は、私たちを自分自身に押し戻す。教師のすべての努力は、私たちを独立させることを目的としている。(中略) しかし、普通の人間は自由になりたくない。彼は依存したいと思っている。ほかの誰かに、導いてもらいたいと思っている。なぜだろうか? そうすれば、すべての責任をほかの誰かに負わせられるからだ。しかし、他人の肩に責任を負

わせるほど、頭が良くなる可能性は低くなる。知恵を生み出すのは責任であり、責任への挑戦なのだ」

*Osho（2006）

マルコ・ファン・バステンは、次のように非難している。

「我々は今、指導者のことばかりを話している。なぜなら、彼らが重要だと考えられているからだ。それは、良いことではない。指導者が、あまりに重要になってしまっている。本来は選手が試合への影響力を持ち、彼らが責任を負わなければならない。今、チームのプレーを決めるのは指導者だと思われている。彼らの影響は、本当のところはわからない。我々は、選手の本当の役割を少しずつ忘れていく。リヴァプールはクロップ、マドリーはジダン、シティはグアルディオラを想像するように……」

指導者はトレーニングの一部を選手に渡さなければならない

試合における解決策はますます組織的になっており、個人的ではなくなっている。ますます押しつけられるものになっており、自己生成が少なくなっている。ますます自動化されており、直感的ではなくなっている。そして、こうした集合的な解決策は指導者から生まれている。しかし、おそらくチームに提供された個々の選手からの解決策は、集合的な解決策になるのではないだろうか？また、自動化された解決策よりも、自発的な解決策に価値があるのではないだろうか？

指導者が繰り返し、次のように言っているのを聞くのは偶然ではない。

「サッカーはサッカー選手のものだ」

「最も重要なのはサッカー選手だ」

私たちは「指導者のサッカー」に慣れてしまっているので、指導者自身がこの問題を認識し、トレーニングでバランスをとらなければならない。つまり、指導者は指導者であり続けるだけでなく、トレーニングの一部を選手に渡さなければならない。

ファン・バステンの疑問は、正しい。指導者の知識は、本当に試合に影響を与えるのだろうか？もしそうだとすれば、なぜ指導者は知識や経験を蓄積するほど成功しなくなるのだろうか？　時間の経過とともに改善されるはずなのに、ほとんどの指導者は50代または60代よりも、30代または40代のほうが成功していることが判明している。これは、私の仮説とも密接に関連している。経験を積めば積むほど、指導者はより合理的になり、最初の数年間、まさに私たちがより無意識だった時代の無邪気さと新鮮さを失っていく。その結果、イノベーションが起こらなくなるのだ。

世界中で無意識の若者が、確立された業界や企業を壊し、イノベーションを起こしている。大企業は、ルール、詳細なプロセス、覚書、作業手順、および組織最適化のための何百もの論理的手段による合理性を崇拝する傾向がある。ある方向で得たものは、別の方向で失われている。リスクを冒すことへの勇気、嘲笑を恐れない心、本能的な情熱などだ。私たちをそこに導くのは、ほとんど自然的な法則だ（例えば、前頭前皮質の成熟は、私たちが生まれたときの完全な未熟さから、25歳頃まで成熟を終えることになる）。

サッカーは自発的ではなくなることで、計算されたものになった。プロ意識とは、「計算的」「論理的」「規約的」方法で行われていることを言う。これによって「自発性」「若さ」が失われている。

この包括的な状況は、より確実性があるのは確かだろう。すべてに理由が存在するため、私たちがすることもすべて何かのためだ。この現状を、サッカー選手と指導者どちらも非常に快適に感じるのは当然のことだ。スペインメディアの『エコス・デル・バロン』でのインタビューで、シャビア・アロンソは現代サッカーの明確な立ち位置を示している。

「サッカーは大きく変化した。私は幸運にもこの数年でサッカーがどのように進化し、大きく変化したのかを目撃した。準備、トレーニング、アドバンテージを生み出すためのコンセプト、順応するためのコンセプト、試合の局面に柔軟に対応するための準備、それは何の関係もない。より洗練され、よりアカデミックになった。不合理ではなく、本能的でもなくなったが、それでも刺激的だ。私はなぜ物事が起こるのかを理解するのが、本当に好きだ。私は今、それをよりよく理解していると思える。プレーする前もだが、ここ数年はプレーをしながら試合中に分析していた」

「サッカーは不合理ではなく、本能的でもなくなった」とシャビ・アロンソは言う。しかし将来的には、最高の合理性と組み合わせて、本能を活用することで利益が得られるはずだ。それには適切な錬金術が必要になる。シャビ・アロンソが言うように、現在のサッカーは適応性と柔軟性が向上していると思われているが、一方で選手は指導者の命令、アイデア、考え方にますます依存してしまっている。

「環境についての知識を伝達する規範的な教育法は、注意を喚起し、環境の特性や地域の情報に直接的に同調することを教育し、理論的に集団行動と知覚学習を維持するアプローチとは対照的だ」

*van der Kamp et al.（2021）

解決策ではなく状況を繰り返さなければならない

ヴィセラルトレーニングは、非常に単純だ。適応的で柔軟なプロセスに、試合で必要となるスピードを追加することだけを目的としている。外部からの柔軟性と適応性は、必然的に内部からの柔軟性と適応性と組み合わせる必要がある。これは、サッカーから蓄積された経験を取り除き、客観性を獲得することではない。結局のところ、一方で得るものは、他方で失うものでもあるからだ。それは未来のサッカーについて考えることであり、すでに非常に迅速で包括的なものをより迅速かつ包括的に行う方法について考えることだ。それを合理化し、最終的には理解することだ。

これを行うには、その「自然法則」に挑戦する必要がある。50年間、私が個人的に大切にしてきたポイントとして、「内なる思春期を失わない」ことをお勧めしたい。50歳になったときの最高の合理性と、18歳だったときの最高の無意識を組み合わせることが理想だ。賢い選手を育てるための基本原則は、彼らを愚か者のように扱わないことにある。

指導者が要求する典型的で機械的な再現でしかない動きだけでは、サッカーで賢くなることは不可能だ。典型的で機械的な複製は、状況に合わせて特別に調整された応答を可能にする自由で自発的な決定と共存する必要がある。状況は独特であり、それに対する答えも独特だ。

分析化および機械化されたものからトレーニングする場合、事前に指導者によって構築された解決策をトレーニングするはずだ。ヴィセラルトレーニングを行えば、そこには指導者の解決策が現れるかもしれないが、選手自身の解決策も現れる。だからこそ、解決策ではなく状況を繰り返さなければならない。応答ではなく、状況を繰り返す。知性の芽生えには、このオープンな繰り返しが必要だ。

スポーツ科学のジャン＝フランシス・グレエーニュ教授は、次のように表現している。

「ゲームインテリジェンスとは、戦術的および技術的知識を最大限に活用しながら必要に応じて修正することを保証する、独創的で柔軟かつ重要な意思決定を支持する思考である」

過度に単純化されたトレーニングでは、Oshoが非難することが起こってしまうかもしれない。

「すべてが明確に描写され、事前に計画され、既製品のようになっていて、単に誰かが私たちに指示を与えた場合、それは何の役に立つだろうか？　興奮が失われ、それでは人生に光はない。それは死んだルーティンだ」

もしかしたら、指導者は次のように答えるかもしれない。

「死んだルーティンであっても、勝つためにそれをやるべきだ」

私は、その回答に次の質問を返したいと考えている。

「事前に用意されたストレスのないルーティンを使用することが、知性を自然に発達させてストレスを与えていくことより、勝つ可能性を高めることがどのようにわかるのだろうか？」

ヴィセラルトレーニングで絶対に失いたくない専門性

主観的にストレスを分類し、コルチゾールと唾液アルファアミラーゼ、血圧、心拍数などのパラメーターを評価することで、両方の提案（ストレスを回避することと、ストレスを誘発すること）を比較する必要がある。

キャンディス・ライオらは、次のことを発見した。

「ストレスと衝動性のレベルが相互作用して、一般的により速い選択を促進する」

私たちが必要としているのは、無意識下での処理速度が速いサッカー選手だ。しかし、私たちがトレーニングで発見した困難が試合によって引き起こされた困難よりも少ない場合、その無意識のスピードで彼らをトレーニングすることは役に立たないだろう。困難（「ラットの新規性」――「ドーパミンレベルでの反応」）に直面すると、意識と抑制への急速な退行が起こる。それらが試合中に現れる前に、トレーニングで特定の刺激を見つけなければならない。サッカー選手について同じ研究を行えば、同様の結論が得られる可能性が高い。サッカー選手が高い認知負荷と目新しさを備えるトレーニングに適応できれば、彼らは試合で発生する可能性がある「環境に慣れていないことによって引き起こされる不安の増加」に対処するための適応方法を見つけたことになる。

ただ、目新しさだけを求めて、認知負荷がその専門性を失うべきではないことにも、注意しなければならない。クリエイティブな人なら「新しい」ことをつくるのは簡単だが、「具体的な目新しさ」をつくることは簡単ではない。例えば、サッカー選手の認知を改善したいときに、さまざまな色のビブスを識別するなどの使い古されたトレーニング方法で、認知負荷を高めるのは簡単だ。

それは、拡張的なトレーニングだろうか？　ＹＥＳ。

それは、ヴィセラルトレーニングだろうか？　ＹＥＳ。
それは、専門性のあるヴィセラルトレーニングだろうか？　ＮＯ。
ヴィセラルトレーニングで絶対に失いたくないのは、専門性だ。したがって、ビブスの色を変える代わりに、ランダムな時間と場所から追加される新しい対戦相手を特定するトレーニングを推奨したい。慣れていないトレーニングを課すことで、不安を増やすことなく反応するようにトレーニングすることができる。研究者たちは、状況の目新しさに応じて、必要な学習の正確な程度を示す上で、上前頭皮質と呼ばれる脳領域が重要であることを発見している。

この分野において傑出した研究者の１人であるイギリス・ケンブリッジ大学のグラハム・マレー博士は、「脳内の新規性と不確実性の信号は、学習にとって非常に重要である」と述べた。２０００年前、ギリシャの哲学者エピクテトスはすでに、不確実性を受け入れることの重要性について語っていた。新規性と不確実性と日常的に共存するプロセスで、私たちはその負の影響に対する免疫を獲得する。

「不確実性を解決するとき、注意、学習、慣れという３つのプロセスが重要な役割を果たす。人々が不安や脅威を感じると、内部環境または外部環境の変化により、脳は不確実性を迅速に軽減するために過敏状態になる」

*Peters et al.（2017）

人間の行動は不確実性に応じて調整される

私たちは、不確実性を解決するには、注意、学習、慣れという3つのプロセスが必要であることに憂慮しなければならない。では、ストレスや不確実性から生じる学習のプロセスを引き起こすために、実際の試合を待つべきだろうか？　それとも、より多くのことを学び、より慣れた状態で試合に臨むために、トレーニングで不確実性と共存すべきだろうか？　ただ試合を待っているだけでは、「グルココルチロイド（副腎皮質の束状態の細胞で産出されるステロイドホルモン。ストレスから生態を守る働きがある）レベルが平衡レベルに戻るまで、経験に依存する脳の可塑性の統合は起こらない」ため、トレーニングに不確実性を融合させるべきだ。

「私たちの分析では、ネットワーク入力が相関している場合、複数の記憶が1つに統合されるまで、このメカニズムによって過剰な関連づけが発生することが示されている。この傾向に対抗するために、新規性を促進する変更を含む学習メカニズムを導入し、ネットワーク入力と保存されたメモリの違いに比例してシナプスの変化を強調する。このメカニズムは、以前に獲得した記憶のシナプス修飾への依存を導入し、絶対的な識別から完全な融合までの幅広い記憶の関連づけを可能にする。提案されたメカニズムは、海馬回路の新規性によって促進される学習の最近の生物学的モデルと互換性がある（ドーパミンは神経系

の多くの場所、特に黒質で生成されるが、神経内分泌機能を調整する視床下部からも放出される）」

*Blumenfeld et al.（2006）

人間の行動は不確実性に応じて調整されるため、トレーニングで不確実性を誘発することができなければ、不確実性が対戦相手によって引き起こされたときに選手が行動を調整することに失敗する。対戦相手も同じだ。そういう意味では、対戦相手のトレーニング方法を知れば知るほど、どのようにプレーするかをイメージできる。機械的な繰り返しに基づく指導者に指導された選手を相手にする場合、試合で戦術的な介入を行えば行うほど、選手に不確実性が生じ、調整能力が低下することが判明している。どのようにプレーしているかを知ることは、どのようにトレーニングしているかを知ることなのだ。

■思考を「本物の拡張現実」に更新することを強制していく

不確実性と不安の間、および不安と抑制の関連性はよく知られている。選手が不確実性に対処し、その前で行動することができない場合、選手がフロー状態に没入することを期待するのは困難だ。ボールコントロールをトレーニングすることは、ボールがないことの不確実性と共存することと同じくらい重要だ。前記の研究の結論によれば、新しい環境で私たちの脳は私たちが知っていることと受け取った新しい情報を比較し、その誤差は「予測誤差」と呼ばれる。脳は、この予測誤差のレベルに応じて思考を更新する。大きな誤差は、脳が持つ世界（この場合は試合）のモデルが不正確であったことを示し、新しい情報から学習される量が増加する。より多くの情報を前頭前野に向かって運ばなければならないほど、周波数の増加が大きくなるのだ。

「例えば、視覚野のベータは11ヘルツでピークに達したが、頭頂部のベータは15ヘルツでピークに達し、前頭前野のベータは19ヘルツに達した。したがって、視覚野のガンマは65ヘルツで発生し、頭頂部のガンマは72ヘルツを超え、前頭前野のガンマは80ヘルツ（中略）アルファとベータが交互にガンマを抑制または解放して、情報のコーディング（感覚活動のトップダウン機能）を制御している」

*Lundqvist,Bastos and Miller（2020）

「ドーパミン予測エラーへの反応は、普遍的な学習メカニズムの重要な要素だ。従来の予測誤差が同じであっても、稀な報酬はドーパミン反応を増幅し、現実世界の報酬の複雑さを学習するメカニズムを示している」

*Rothenhoefer et al.（2021）

これまで経験したことが少ない技術的、戦術的な動きで対戦相手が私たちを驚かせた場合、彼らは私たちが考えるべきではない方法で私たちを考えさせる。その更新が行われている間（そして学習が行われている間）に、敗北も同時に進行している可能性がある。トレーニングで異なった環境を経験すればするほど、実際の試合での驚きが少なくなり、緊急の更新が少なくなる。私たちは対戦相手に考えさせ、対戦相手は私たちに考えさせたほうがいい。脳の更新は、試合の結果からではなく、トレーニングの設計から得られるほうがよいだろう。いずれにせよ、対戦相手が私たちよりも多く更新する必要がある状態を維持する必要がある。

「脳は環境の統計的な構造を継続的に追跡し、行動に関連した事象を予測する。このような予測からの逸脱は驚くべきものであり、大脳皮質に突き出た脳皮質下領域のニューロン活動を促進する」

*Kloosterman et al.（2021）

簡単に言えば、ヴィセラルトレーニングは、思考を「本物の拡張現実」に更新することを強制していく。ヴィセラルトレーニングによってどのくらいのドーパミンが放出されるのだろうか？　それをほかのトレーニングと比較することで、神経科学の新たな課題になるかもしれない。

5 大脳基底核と行動の調節

リカルド・フェシェの説明は、本章の中核をなす。

「頭頂連合野は、環境内の関連する可能性のある物体の検出に応答し、運動前野の運動プログラムの引き金となる。それでも、検出したすべての信号に反応するわけではないことは明らかだ。信号によって駆動される可能な行動間の選択（反応）は、大脳基底核の主な機能の1つであり、大脳皮質の活動を監視し、これらの活動のそれぞれについて促進または抑制のフィードバックを返す脳深部構造だ。過去の経験（そのような活動に遭遇した正または負の強化）をベースに、それに関連づけられている快楽的価値（喜び）を調整する。予期せぬ事態が起こらない限り、この行動規制は、反応的な信号主導の行動として定義することができ、動物の活動の大部分を表すもので、注意深い意図的な制御によって実際に監視する必要はない。アクションが実行されるが、必須ではない。

自動操縦モードで注意深く意図的な監視をせずに行動する場合、同様の行動制御モードが人間にも作用している。予期しない出来事、失敗、矛盾、または予期しない結果は覚醒反応を生成し、帯状回を活性化し、驚きの反応（おそらく快または不快）を生成することで、問題に選択的注意を向け、前頭前野を巻き込む。大脳皮質は合理的に問題に直面し、作業記憶機能に合理的に精巧な代替行動戦略を発展させるよう促す。通常、自動操縦モードの行動は、内因性ではなく外因性によって導かれ、大脳基底核によって規制されているため、意図的で注意深い制御を必要とせずに発生する。それは単に、自分の最善の利益に明確に向けられた行動を生み出すために意識（注意と意図）が必要ないことを示している」

このことから、サッカー選手がフロー状態に没入している間、彼らは自動操縦モードに取り組んでおり、内因的なプロジェクトに従おうとすればするほど、自動操縦モードから遠ざかり、逃れることになる。そうすると、彼らの行動スピードは落ちていくはずだ。

■人間は合理的ではなく本能的な生き物である

ジョシュア・ダッドマンとジョン・クラカワーは、大脳基底核の役割を、次のように描写している。

「脊椎動物（ここではサッカー選手を想像）は、目標指向の行動を選択して実行する能力で注

目に値する。それは、複雑で競争の激しい環境（ここではＵＥＦＡチャンピオンズリーグを想像）**で成功するための重要な運動能力だ。運動能力の重要な側面は、さまざまな速度、振幅、および頻度**（活力）**にわたって構成要素の動きを実行する能力だ。最近の研究は、皮質下回路、大脳基底核がげっ歯類と霊長類の運動活力の重要な決定要因であることを示している。大脳基底核は、下等脊椎動物や一部の哺乳類では単純な動きや定型的な動きを直接命令する回路だったが、目標指向の行動の活力を間接的に制御する回路へと進化したと考えられている」**

言い換えれば、それは大脳基底核の皮質下回路であり、私たちを間接的に調節している。これはまた、本能的反応の洗練が進化的であり、それをほかの動物種と共有していることを示唆している。ノーベル経済学賞受賞者のダニエル・カーネマン自身も、「私たちは合理的ではなく本能的な生き物である」と示唆しているのだ。

6 小脳と予測

「ボールを受けたときに何も頭に浮かんでいなかったら、そのボールをもらった相手に返すべきだ」

——セサル・ルイス・メノッティ（元アルゼンチン代表監督）

小脳は、伝統的に運動制御、バランス、および調整スキルに関連する脳領域だ。しかし、それだけには限らない。

「小脳が感覚運動と姿勢制御で行っていることは、認知、感情、自律神経機能でも行われている。この仮説は、思考障害と普遍的な小脳変換の理論に基づいており、小脳は暗黙的学習によって情報を得て、状況に従って実行し、意識することなく自動的に恒常性ベースラインの周りで行動を維持すると考えられている」

*Schmahmann（2019）

これらの主張をベースに考えると、小脳ほどヴィセラルトレーニングに優れた脳はない。試合での素晴らしい瞬間は、前頭前皮質よりもはるかに小脳が関わっている。小脳は脳全体の10%を占めているだけだが、脳内の全神経細胞の80%を含む領域であり、神経可塑性現象に最も敏感な領域の1つだと考えられている。

ニルス・バルサーをはじめとした研究者たちは、「小脳がスポーツにおける予測プロセスに非常に高い割合で関与している」と結論づけている（行動観察ネットワーク＝ＡＯＮを構成するほかの領域としては、上頭頂葉、頭頂間溝、下前頭回がある）。

それだけでは不十分であるかのように、目と四肢の動きの適応にも小脳が必要であることが示されている。

「運動学習における小脳の機能の1つは、身体または環境の体系的な変化を予測して説明することだ。この形態の適応学習は、小脳皮質内で発生する可塑的変化によって媒介されている」

*Spampinato et al.（2017）

結論は非常に明白だ。予測と予想プロセスのトレーニングに刺激がなければ、小脳皮質に可塑性はない。これは、サッカー選手の脳における特定の安全性を乱し、相対的な不確実性を引き起こす状況に置かない限り、発生しない。

結局のところ、それは直感を直感することだ（私たちは他人が直感することを、直感的に理解している）。私は（私を）直感し、私は彼ら（仲間と相手）を直感する。いずれにしても、スポーツにはより具体的な性質の研究がある。

「小脳は、背外側前頭前野などのほかの構造と接続しており、この接続は、迅速な意思決定プロセスを必要とするさまざまな条件で新しいタスクがある場合に重要だ」

*Tomporowski et al.（2017）

挑戦、困難、斬新を核にするヴィセラルトレーニングは、神経科学がそのつながりを証明する場合、この小脳と背外側前頭前野との接続に対する興味深い刺激になるだろう。

予測の時間的特性に応じてさまざまな活性化が強調される

「予測は、さまざまな脳内ネットワークのさまざまな神経現象に関連している。例えば、感覚皮質の神経細胞の閾値の変化、長距離位相同期、脳の領域を介した接続の変化、前頭前野または頭頂葉の準備的な細胞の存在などだ。一般に、予測処理は脳のほぼすべての領域とネットワークに関連づけられている。予測を可能にする幅広い文脈を考えると、これ

らの結果は驚くべきことではないだろう。（中略）より長い時間規模での予測における基本的な役割は、前頭前皮質と関連している可能性がある。これは、内側側頭領域、特に海馬および後大脳皮質（外側および側頭頭頂領域、楔前部を含む）とともに機能し、未来を想像するときや、過去を思いだすときに不可欠になる。しかし、この領域は通常、計画に関与する重要な領域と見なされているが、頭頂葉皮質の貢献もこの文脈で認識される必要があるだろう。さらに、予測処理に関連しているほかの脳領域に言及することも重要だ。例えば、大脳基底核、特に報酬を予測する腹側線条体、痛みや感情の処理における扁桃体、島、前帯状皮質などだ」

*Bubic et al.（2010）

予測が時間的に遠ざかれば遠ざかるほど、前頭前皮質の大脳領域、正確には計画と戦略を司る領域が機能するようになる。これによって、予測の時間的特性に応じてさまざまな活性化が強調される。つまり、試合中の選手の緊急性に対応する脳の予測プロセスと、指導者が試合を予測するために使用する脳の予測プロセスは異なっているのだ。明らかに試合中の選手は意識を強力に使用できない予測をしている一方で、指導者は時間を使いながら予測している。

最後に、決定的な結論は存在していないことにも言及しておくべきだろう。何度も言うように、特に神経科学は、まだ発展途上の領域だ。

「予測処理に関与するさまざまな脳機能の重要性を強調する複数の視点と理論を一致させることは、非常に困難な作業になるだろう。（中略）さらに大きな課題として、予測メカニズムと非予測メカニズムの脳および認知機能の比較と調整が含まれている」

*Bubic et al.（2010）

7 前帯状皮質と忍耐力

「普通というのは、舗装された道だ。道は歩きやすいが、花は咲かない」

——ヴィンセント・ヴァン・ゴッホ（オランダの画家）

最高の技術や最高の戦術と決めつけてしまった時点で、時間の経過とともにそれらを手助けする「無形資産」から切り離されていく。それら単独の限界値など存在する必要がないことは誰もが知っているはずだ。むしろ、最高の技術、最高の戦術を目指すプロセスに着手する際の粘り強さと忍耐力が非常に重要になる。粘り強さと忍耐力がなければ、最初の困難を迎えた時点で早々と「最高への道」を放棄してしまうだろう。その2つがなければ成果はない。

執拗で不快な困難を与えるヴィセラルトレーニングは、サッカー選手の粘り強さと忍耐力をテストする側面を兼ね備えている。そして、その2つをテストすることで、前帯状皮質を活性化させることも意図しているのだ。

「障害は、あなたを止めるものではない。もしも壁にぶつかったとしても、あとずさりしないで諦めないでほしい。壁をジャンプする方法、穴を開ける方法、回避する方法を見つけなければならない」

――マイケル・ジョーダン（元バスケットボール選手）

要するに、選手は逆境にどれだけ耐えることができるだろうか。おそらく神経科学は、前帯状皮質がどれだけ活性化されているかを教えてくれるはずだ。

遊び心のある表現としてのサッカーは、単に「上手にプレーする」ことを求める。しかし、競争力のある表現としてのサッカーは、「上手にプレーする」は「辛抱する」と組み合わせる必要がある。前帯状皮質は、より広範な動機づけ行動においても役割を果たしている。

「前帯状皮質は、複数の脳ネットワークの交差点に位置し、アロスタシス（外部からのストレス変化によって体内環境が崩れないように、安定性を維持する反応のこと）**に関連する信号を、内受容と呼ばれるその感覚的結果、および認知制御プロセス、感覚機能、および運動と統合するために接続されている。この統合は、望ましい目標を達成するために必要な、最適化された努力に向かって神経系を導く」**

*Touroutoglou et al.（2019）

8

扁桃体と脅威の検出

系統発生的に古い臓器だと考えられている扁桃体は、サイズが約1½立方センチのニューロンの小さな集まりだ。扁桃体が専門にしているのは、危険の自動検出だ。

「不安と危険には、大脳基底核の一部であると考えられている小さなアーモンド形の構造である扁桃体が関与しており、運動の特徴に関与している。（中略）事前に計画を立て、自分の行動と推論の結果を理解する機能は、前頭葉に存在する。扁桃体と前頭葉は、記憶と感情に密接に関連する脳領域である帯状皮質を介して主に通信している」

*Leonard（2020）

「扁桃体の病変（病気のプロセスで現れる生体の局所変化）は、通常は脅迫的だと感じる刺激の、恐怖や攻撃的な反応を引き起こす能力を低下させ、逆に慣れ親しんだ刺激に対して、なじみのないものであるかのように、より大きな探索的嗅覚を解放してしまう」

将来的には、何らかの抑制によって潜在能力を最大限に発揮できないサッカー選手に対して、扁桃体の脱感作（感受性を低下させる処置）型の脳操作が行われるかもしれない。ただ、扁桃体の脱抑制が許容限界を超えると、最終的には個人はもちろん、集団のパフォーマンスに損害を与えるだろう。また、視床の一部である再結合核と呼ばれる脳の原始的な領域の活動を強化することによって、トラウマの記憶を消すことと同じような介入が行われるかもしれない。

再結合核の強化は、すでにネズミで実験されている。扁桃体核の光遺伝学的刺激は、回避行動を起こし、受容する刺激を生み出すことで、「痛いものをほしがる」といった不適応を生み出すことがわかっている。サッカー選手も回避と受容における閾値を知ることで、より高いパフォーマンスの追及が可能になるかもしれない。

ここで、扁桃体と不確実性の関連性についても考えてみよう。

*Warlow and Berridge（2021）

「前帯状皮質がもっともらしい戦略の中から選択しない場合、どの戦略に従うべきかについて不確実性が生じ、それが扁桃体の活性化につながり、血液と脳内のグルココルチコイド濃度が増加する。グルココルチコイドは、皮質の可塑性を許可または防止する。（中略）高濃度のグルココルチコイドは『変化の段階』を生み出し、現在の世界モデル（その戦略を含む）を見直す。低グルココルチコイド濃度は『保存期』を作り、現在の世界モデルを

安定させる。（中略）これらの目標状態が達成可能であれば、グルココルチコイド濃度は低いままだ。逆に、これらの目標が達成できないと考えられる場合、グルココルチコイド濃度が上昇する。つまり、グルココルチコイド濃度は、世界が自分の期待どおりに動いているかどうかを直接反映している」

*Peters et al.（2017）

脳の扁桃体は感情の処理に密接に関連している

ヴィセラルトレーニングの目的の1つは、不確実性に対する耐性を高めることだ。確かに、選手が意識的にも無意識的にも確実性を求めているのは事実かもしれない。だからこそ、指導者は確実性を選手に与えようとする。それは健全な行為かつ堅い絆のようではあるが、指導者は選手を不確実性と確実性の両方に備えさせる必要がある。

とはいえ、選手は不確実性に対してある種の謙虚さを持っているはずだ。私たちがペップ・グアルディオラのような並外れた戦術を用意したとしても、その戦術どおりに事が進まないことくらいわかっている。グアルディオラも間違えることはあり、私たちはより間違えることがあるからだ。

それゆえ、選手が不確実性を許容した場合、選手は試合で発生するさまざまな事象に直面する準備はできている。逆に、選手が不確実性を許容しない場合、不確実性は脅威として認識されるだけだ。フランスの哲学者、シャルル・ルヌーヴィエは次のように言った。

「正確に言えば、確実性はなく、確実な人だけが存在する」

選手の確実性は、指導者の確実性によってのみ手助けされるわけではない。パブロ・アイマールは、「サッカーは外にいる人ではなく、プレーしている人のものである」と言っている。不確実性への不寛容は、指導者の失敗にさらにマイナスの要素をもたらす。

エディナ・タノヴィッチらは「不確実性に対する不寛容は、前島と扁桃体のより大きな活動、報酬に対する神経反応の変化、および事象に関連する電位の明らかなエラーに反映される不確実性に対する、より大きな反応と関連する」ことを示唆している。

これらすべてが、不確実性に対する不寛容を生む。だからこそ、選手は不確実性を対処することに慣れておくべきだ。不確実性よりも広い範囲で、脳の扁桃体は感情の処理に密接に関連している。

「何かが脳の扁桃体に感情的に記録されている場合、皮質による制御を通じて感情の引き金を調整することはできるが、その記憶は消えないため、おそらく最初の自動反応を完全に排除することはできない」

*Díaz-Benjumea（2002）

一方で、海馬は扁桃体と強い関係がある。リカルド・フェシェは、次のように示唆している。

「海馬は、現在の経験に重要な関連性を与える主要な皮質下構造である扁桃体に強力かつ双方向に接続されている。このようにして、扁桃体が現在の経験を感情的に関連していると認識するたびに、海馬の記憶能力が向上する。一方、海馬は、関連する可能性のある手がかりを文脈化することで、それらを正しく評価するのに役立つ（例えば、檻の中のライオンは恐怖を引き起こすものではない）」

9 海馬と欺瞞

「プレーの仕方を知るということは、効果を発揮するための基本的な特性の1つとして欺瞞を使用することを意味する」

――フェルナンド・シニョリーニ（元アルゼンチン代表フィジカルトレーナー）

海馬の機能は、より複雑だ。ピーター・コックとニコラス・ターク＝ブラウンによれば、「視覚野の表現は、それ自体が提示する形状によって支配されていたが、海馬の表現は、信号によって予測された形状のみを反映していた」。

オデッド・ベインらは「ニーモニックプリディクションエラー（MPE＝人間の記憶に関する認知心理学の概念で、期待と実際の記憶内容との差異を指す）は、海馬の状態を歪めることによって記憶の深化や修正につながる可能性がある」と述べている。

視覚野は「見ているものを見る」のに対し、海馬は「条件づけられたものを見る」のだろうか？ つまり、海馬こそが欺瞞の脳中枢なのだろうか？ 大脳皮質が騙されているのだろうか？ それとも海馬が騙されているのだろうか？　視覚野が見て海馬が認識するものは、海馬が期待したものとは異なることを発見しなければならない。

欺瞞とは、対戦相手の経験をその予測とは異なる方向に向かわせることだ。ジェレミー・シュマーマンは、次のような結論に至っている。

「記憶は一般に、過去の経験を思いだすことを可能にする機能だと考えられている。しかし、記憶は過去の情報を提供することで、将来の経験の処理を導く役割も担っている。記憶のこれら2つの機能は、しばしば対立している。過去の特定の経験を思いだすには、空間と時間の特定の瞬間を定義する特異な特性を保存する必要があるが、定義上そのような特性は将来の同様の状況と共有されないため、将来の状況に適用できない場合がある。この対立では、脳はコーディングよりも予測を優先することがわかった」

相手の知覚と行動のプロセスを混乱させるために重要な欺瞞

私がこれから起こると思うことは、起こっていることよりも決定的だ。そのため、相手の知覚と行動のプロセスを混乱させるために、欺瞞が非常に重要だ。結局のところ、選手は正しくなるために可能な限りのことを行っている。適切なポジショニング、適切な陣形、そして試合を正しく解釈し、最後はボールを失う。なぜなら、欺瞞が少なければ予測することは容易だからだ。

「カテゴリー規則から逸脱する例外項目を分類することを学ぶことは、一般性をゆっくりと学習する単シナプス経路（MSP）とは対照的に、特定の経験の記憶を急速に形成する海馬の神経回路である三シナプス経路（TSP）によって手助けされるMPEから恩恵を受けるだろう」

*Schlichting et al.（2021）

これは、「新しいものはより多くの皮質処理を誘発する」という仮定とは対照的な証拠であるように思われる。そして、それはすべて、無意識の処理を何度も繰り返す。予測と無意識の注意さえあれば、刺激処理が促進される。

「ニューロンレベルでは、予測と無意識の注意が背外側前頭前皮質（DLPFC）で相互作用することが示された。より具体的には、無意識に支援されたテストでは予測不可能な刺激と比較して、予測可能な刺激に対するDLPFCの活性化が大幅に減少したが、無意識が支援のされないテストではそうならなかった。この結果は、予測と無意識の注意が相乗的に作用して刺激処理を促進することを示唆している」

*Ran et al.（2016）

第6章

ヴィセラルトレーニングの導入

FOOTBALL VISCERAL TRAINING

1 ヴィセラルトレーニングとは何か？

「心臓には血液が、肺には空気が、口には唾液が、耳には音が、目には光が、そして脳には変化が必要だ」

——ホルヘ・ワーゲンスベルグ（スペインの物理学者、作家）

ヴィセラルトレーニングは、知覚的、決定的、実行的な要素を飽和させることによって、これまでサッカー選手が悩んできた問題を解決する従来の方法を打破しようとしている。グローバル的、試行錯誤的なトレーニング方法であり、無意識から生まれる本能的、直感的な反応を引き起こす。本能と直感は、アナリティックトレーニングと機械的トレーニングの盲点になっていた。

さらに、刺激を飽和させることによって、ヴィセラルトレーニングは、トレーニングで飽和する同じ変数を、試合で促進することを目的としている。つまり、正式の「試合」は、ヴィセラルトレーニングの「試合」よりも常に単純なのだ。この時点で、違いを明確にする必要があるだろう。ヴィセラルトレーニングは、変数によって選手に試行錯誤させる。無意識の思考から本能的、直感的に答えが現れるように、意識的に答えを探すのを止めるのだ。スティーブン・ナフマノヴィチは、次のようにコメントしている。

「合理的なフィルターを完全に捨てて、問題をすぐに無意識に持ち込むとどうなるだろうか？　動物の生命は前意識（ジークムント・フロイトが定義した意識と無意識の境界に存在する心の領域）的、前個人的であるため、動物は自然にそれを行う。彼らはマーカス・ライクルが『解読されていない世界』と呼んだものに住んでいる」

「直感は、スポーツにおいて意思決定を行うための効果的な方法だと考えられている。この研究では54人のハンドボール選手を対象とし、攻撃側のチームでプレーすることを想定したときに、熟考するよりも直感を優先することがより迅速でより良い選択につながるのかを調査した。私たちは直感的な選択はその感情的な性質により、複数の選択肢を考慮する必要がある場合よりも高速だと想定した。結果は直感的な決断を好む選手のほうが、熟考した意思決定者に分類された選手よりも速く、より良い決断を下したことを示している。また、経験豊富な選手は、ほかの選手よりも直感的だった」

*Raab and Laborde（2011）

マルコ・ファン・バステンは「優れた選手とは、より高速で思考する選手だ」と述べている。

ナフマノヴィチも、「これらの稀で特別な演奏には神聖なものがあり、意図的に達成されたものではない」と言っている。本能的な決断は確実性に満ちているが、熟考による決断は疑問に満ちている。正しいことを求めて熟考すると、間違ったことになる。アネット・ボルトとトーマス・ゴーシュケが主張するように、「本能、直感とは、記憶の中で活性化されているが、意識的に取り出されていない情報に基づき、刺激の性質を判断する能力を意味している」ということだ。

ファン・バステンは貴重な洞察を提供している。

「すべてが直感と感覚からスタートする。次に、自分が行ったことを自分自身に説明する。何年にもわたって多くの本能的な行動を積み重ねるにつれて、状況を理解し、本能を改善することを学ぶことができる。それは、双方向的な道だ。私たちの脳は、似たようなプレーの多くのバリエーションを登録しており、突然試合の中でその瞬間にすべての情報が適合する。それが、解決策を直感するときだ」

ファン・バステンのコメントは、50年前にハーバート・サイモンが言ったことに酷似している。

「状況は機会を提供する。これにより、専門家はメモリに保存された情報にアクセスできて、その情報から答えが得られる。直感は認識以上でも、以下でもない」

直感的な選手は直感的な決断を強いられることで成長する

これらは、正しいがまだ限定的な説明だ。なぜなら、創造性という概念が除外されているからだ。情報だけがメモリに保存され、何らかの状況で直感的に再現される。もしそれが正しければ私たちはボールを前方に蹴り続け、原始的なサッカーを続けているはずだ。情報は蓄積されるが、それだけではない。情報は処理され、組み合わさることで、新しい仮説を生み出す。確かに、過去に記憶された何かの認識があるかもしれないし、その認識から新しい解決策が発見されるかもしれない。したがって、直感は認識であり、同時にそれ以上のものだ。カール・グスタフ・ユングは直感を「無意識による知覚」と定義した。直感によってサッカー選手は予想どおりの方法で反応することができるが、予想外の方法で創造的に反応することもある。

「何年にもわたって多くの本能的な行動を積み重ねるにつれて、状況を理解し、本能を改善することを学ぶことができる」というファン・バステンの言葉は、示唆に富む。直感的な選手がほしければ、指導者は彼らにその直感を実験する環境を与えなければならない。この状況では、熟考の時間が許されるべきではない。サッカー選手は選択肢から選択するのだろうか？　それとも、選択肢が一つ出てきて選択の余地なく実行されるのだろうか？　直感は意図しないものだ。インドの神秘家として知られるジッドゥ・クリシュナムルティの言葉は、サッカーにも当てはまるだろう。

「重要なことは、選択をせずに実行することだ。なぜなら、選択は対立をもたらすからだ。選択する人が混乱していることは明らかであり、それゆえに彼が選択する理由だ。混乱がなければ、選択はない。混乱している人だけが、何をすべきか、何をすべきでないかを選択する。単純明快な人は、『あるがまま』を選択する必要はない。明らかに、観念に基づく行動は選択の結果であり、そのような行動は解放的ではなく、逆に、条件づけられた思考に従って、より多くの抵抗とより多くの対立を生み出すだけなのだ」

直感を完全に捨てるトレーニングセッションで直感的な選手をトレーニングできるのだろうか？ジョン・バーグは「一瞬考えただけで間違っていることがわかる直感的な答えを受け入れるのが速すぎると、私たちの直感は私たちを迷わせる可能性がある」と説明している。ただしサッカーの試合では、反省する時間はない。試合は、あらゆる種類の意識的な葛藤よりもはるかに速く進んでしまう。

ナリーニ・アンバディとロバート・ローゼンタールは、無意識が本能的な反応を生み出すために使用する短い刺激を説明するため、1992年に「薄いスライス（チーズまたはハム）」という概念を発明した。サッカーでは、決断を下すためにハム全体にアクセスすることはできず、「厚いスライス」にさえアクセスすることは難しい。厚いスライスまたはハム全体が正しい決断を保証しないのと同様に、ほとんどの情報とわずかな時間（薄いスライス）でも正しい決断が行われる。失敗したパスの約70％は、実行した技術ではなく意思決定の失敗だと推定されている。

最終的に、直感的な選手は、直感的な決断を強いられることで成長する。マデリン・ストリックとアプ・ダイクスターハウスとリック・ファン・バーレンは「一定期間、意思決定の状況から気を散らしたあと意思決定は改善される」と報告している。要するに、気が散っている間も無意識のプロセスが問題に対処し続けているということだ。しかし、ヴィセラルトレーニングでは、「ディストラクタ（意識を削がれるもの）」が「アトラクタ（意識を引きつけるもの）」にすぎない場合がある。その場合、気晴らしと決断が同時に起きているということだ。つまり、気晴らしという要素は必然的に試合のメカニズムと融合する必要がある。この要素こそ、実行機能のプロセスを完全なものにするのだ。

負荷が増加すると予期されたものと予期しないものを区別できる

例えば、タスクを完了したいときにディストラクタは、アクションを諦めるか、もしくはディストラクタと共存しながらタスクを完了させるかといった決断を求める。認知的柔軟性の観点から言えば、ディストラクタはいくつかの異なる刺激によって私たちの考えを変え、予見していなかった環境変化への適応に導いてくれているともいえる。一方でアトラクタは、ディストラクタに惑わされずタスクに注意を向け続けている。その場合、ディストラクタは、常に具体的な決断を求めるがゆえ、タスクの関連性に応じた動きへと導く。これによって、選択的注意が最大化される。試合で相手がマークを外すために私たちを混乱させるアクションをしたり、ボールをあるエリアに集中させてから別のエリアに展開したとしても、ディストラクタは同じような処理を求めるはずだ。

これは、視床枕＝意思決定が介入している可能性を示唆している。視床枕がフィルタリングのプロセスを担当し、タスクに関連する刺激をそうでない刺激と区別しているということだ。

「視床枕は、さまざまな知識の源に与えられるべき精度、重みづけを効果的に予測している。最適な方法で自信の更新に影響を与える知識の種類を効果的に選択しているのだ」

＊Worden et al.（2021）

負荷が増加すると、予期されたもの（サッカー選手が知っている積み重ねたもの）と、予期されていないもの（サッカー選手が知らない積み重ねられたもの）を区別できる。

本章の最後は、アレハンドロ・レラスの研究が有用かもしれない。

「私たちが予期していない出来事のパラダイム（または「見えないゴリラの実験」）における重要な刺激を見逃すのは、私たちの視覚的な注意が同時に2つの視覚的な側面にフォーカスすることができないためではない。むしろ、私たちは要求される主要なタスクの情報を処理することと、予期していない刺激をエンコード（データをある一定の規則に従って別の形式のデータに変換すること）して反応することの両方を、私たちの注意機能が同時に行うことを困難に感じ、重要な刺激を見逃してしまっているのだ」

2 ヴィセラルトレーニングとメタ認知プロセス

ヴィセラルトレーニングが引き起こす大量の認知的な刺激を考慮すると、サッカー選手が深いメタ認知を発達させることは非常に重要だ。では、メタ認知とは、どういう意味だろうか？「自分の認知を認知すること」がメタ認知であり、客観的であることが大きな意味をもつ。次に、効率のいいメタ認知が必要となる。つまり、これは人（この場合はサッカー選手だが、指導者にも適用される）が、間違った決断と正しい決断を正確に判断する能力だ。

「意思決定の成功には、意思決定プロセスの監視や制御を担うメタ認知のプロセスが不可欠だ。メタ認知によって進行中の行動は適応的に修正され、外部からのフィードバックがすぐに利用できない状況でも、次に何をすべきかを決定する」

*Wokke et al.（2017）

サッカーの試合中に、外部からのフィードバックはどのくらい有用だろうか？　また、そのフィードバックはどのくらい選手に許容されるだろうか？　外部に焦点を当てたサッカー選手は、試合に溶け込むことが難しい。必要なフィードバックを返す、または返さないことは、確かにメタ認知といえる。しかし、トレーニングにおいて意思決定の監視と制御が継続的に指導者に委任されている場合、そのメタ認知をどの程度発達させることができるだろうか？　さらに悪いことに、トレーニングにおいて、過剰な分析や単純化によって意思決定プロセスの監視と制御が回避されてしまった場合、メタ認知はどの程度発達させられるのだろうか？

ノルウェー・ベルゲン大学の心理学者であるエリザベス・ノーマンは、メタ認知について2つの質問を投げかけている。

❶タスクの性質によって、メタ認知がパフォーマンスを妨げる可能性があるだろうか？　サッカーについては、考えるべき以上のことを考えさせられる可能性があるため、ＹＥＳと答えるべきだろう。メタ認知プロセスは、試合が動いている状況と並行して発生する可能性があるのだろうか？　それとも試合が止まった瞬間に発生するように予約されているのだろうか？

❷戦略的なメタ認知によって必要とされる認知的要求は、認知的達成に対するその潜在的な有用性と比較して不釣り合いに大きいのだろうか？　この場合も答えはＹＥＳであり、その理由は❶の答えと同じだ

これについて、矛盾しているように見えるいくつかの証拠がある。ミカエル・アシュフォードらによる前述の研究では、次のように説明されている。

「選手たちは、意思決定のプロセスで自分の身体的能力と技術的能力を認識していると説明した。興味深いのは、いわゆるメタ認知のプロセスが、展開が速い試合の局面で現れているということだ。選手たちは、試合の結果に影響を与える身体的能力と技術的能力を持っているかどうかを、意識的に評価しているのだ」

今、私はこの矛盾に思えるものが、実際には矛盾ではないと解釈できる。なぜなら、選手たちが説明していることは、本当に選手たちが体験したことなのか、本当に選手たちが思ったことなのかがわからないからだ。ここで私たちは一旦、「意識が記憶に刺激を与えることがある」といった合理化された出来事の説明を噛み砕く必要がある。それらの説明はすべて記憶にすぎないからだ。

アシュフォードらが警告しているように、「選手たちが意思決定のプロセスを探し出すために刺激を与えた記憶の信頼性が乏しいのが、このアプローチの限界だ。また、選手たちが暗黙のうちに自己組織化された意思決定のプロセスに言及できないのは、このアプローチだからという可能性が高い」。

要するに、報告できること（意識）が変化する可能性があるだけではなく、報告できないこと（無意識）も数多く存在していることに注意しなければならない。実際、私たちが考えるよりも、より多くのことが起こっているはずだ。選手たちが報告できることとは、発生していることのごく一部にすぎない。報告できないことの存在こそが、ヴィセラルトレーニングがパフォーマンスの最適化のために貢献する余白だ。

ボールが動いている場合はメタ認知の活用は難しい

サッカー選手がメタ認知、つまり意識を導入するのに、最も適したのはどの局面だろうか？　それはボールが動いていないときであり、ボールから遠くに離れているときだ。例えば、ハーフタイムは、ファウルでプレーが止まっている数分間よりも適している。また、次の試合までの数日間は、ハーフタイムよりも適している。つまり、メタ認知は試合が動いているときに使用するべきではない。

ノーマンが述べているように、「メタ認知は、最も意識的な選択に関連する要素だ」。これはヴィセラルトレーニングで探求するものとは、まるで異なるものだ。また、メタ認知は、人間が外界にある対象を認知した上でその対象が何であるかを判断、解析した成果を、さらに高次の視点から認知しようと強調する。ノーマンは言う。

「これは、個人がどのくらい学べるか、覚えるか、問題を解決するのは得意か、合理的な

決断を下せるか、論理的に推論できるか、といった能力に関連している。メタ認知は、与えられた状況で最適な認知とメタ認知の戦略を助けることで、認知的な成果につながる可能性がある」

「合理的な決断を下せるか、論理的に推論できるか」は、サッカー選手がスピーディーな試合で必要とする属性とは言えない。

絶え間なく状況が変化するサッカーでは、メタ認知はやはり実用的ではない。1978年にノーベル経済学賞を受賞したハーバート・サイモンは57年に、「限定合理性（人間がどんなに合理的な行動を取ろうとしても、さまざまな制約条件によって、あくまで限定された合理性しか持ちえないこと）」の必要性について以下のように指摘していた。

「暗黙の認知、無意識の知識を主として含む、複雑な意思決定をするべきだ。マインドフルネスは、メタ認知のいち形態と見なすことができる。したがって、無意識もときには有益であるように、メタ認知を戦略的に実行しないことや、メタ認知の体験を無視することで、ときには今起きている問題をいち早く認識し、自分の持っている知識や経験を総動員しながら適切な態度と行動で解決できることがある」

もちろん、メタ認知自体は、決断を下すのを遅らせない限り、役に立つものだ。であれば、サッカー選手がメタ認知の使い方を知っていることは必要で、またそれ以上にメタ認知を使うタイミングを知っていることが重要になる。

ただ、メタ認知を戦略として意図的に適用する場合、時間と認知リソース（脳を使うためのエネルギー）の要求が高くなってしまう可能性があるのは否めない。まず、時間の要求が高くなってしまうとは、サッカー選手がメタ認知を使う時間を求めてしまう、という意味で、次に、認知リソースの要求が高くなってしまうとは、サッカー選手が最大限に使用している認知をメタ認知に割り当てられない、という意味だ。

もう一度言うが、ボールが動いている場合は少なくともメタ認知の活用は難しい。無意識の認知は、長い間無視されてきた。現在、それが存在することは判明している。今、メタ認知は意識と関連づけられているが、私は疑問を投じたい。もしかしたら、無意識にもメタ認知の痕跡を見つけられるのではないだろうか、と。

3 急に出現する「柔軟な行動」

「何を描いているのかわからなくなって初めて、画家は良いものを生み出す」

――エドガール・ドガ（フランスの画家）

何年も前に、ボカ・ジュニアーズとベレス・サルスフィエルドの試合があった。そのときベレスのGKはゴールから遠く離れたところにいて、ボールを大きくクリアした。ボカのFWマルティン・パレルモはゴールから35メートル離れていたが、こぼれ球をダイレクトでヘディングシュートしたのだ。パレルモはそこまでの遠距離からへディングシュートを狙うトレーニングをしたことはなかったに違いない。なぜなら、その状況をトレーニングすること自体が効率的ではないからだ。パレルモには考える時間はなく、彼はトレーニングでその技術を学ぶチャンスもなかった。

スポーツトレーニングの科学的観点から、このゴールを説明することは難しい。考えられる唯一の説明はパレルモの無意識が反応したということだが、これは反応を自動化するようにトレーニングされた無意識ではない。これは直感的で、自然で、自由で、自発的な無意識だ。また、その局面が要求した無意識であり、自動化されたトレーニングを必要とせずに自動化された無意識だ。達成された自動性と比較すると、制御された処理は遅く、より多くの労力を必要とし、干渉の影響を受けやすいことは、もはや説明するまでもないだろう。これは、無限の繰り返しによって達成される自動性ではない。これらの状況は、トレーニングされていないからだ。

パレルモは1回だけの挑戦でゴールを決めたので、その成功率は100％だ。この価値を証明するために、45メートルの距離（パレルモがヘディングした距離とほぼ同じ）から撃たれたシュートの成功率（2021年6月時点）を調べてみよう。14年以降、トップリーグでこの距離からのシュートは554本あった。ゴールに帰結したのは30本だけだった。つまり、この距離からのシュート成功率は1・93％にすぎない。それなのに、パレルモはヘディングを決めてしまった。

ピッチ中央からのヘディングシュートを選んだパレルモの直感は偶然だろうか？　ボカの長い歴史でも最高のスコアラーの1人と呼ばれるパレルモの経験とは何の関係もないのだろうか？　このゴールは、私の考えからすれば偶然ではない。パレルモの無意識的で直感的な処理能力こそが、このような得点を決めた要因だ。試合では奇妙な状況が常に現れる。多くの場合、私たちの「学んだことへの依存」は、「学ばれていないことの解決策」を見つけることを許さない。

無意識の脳が意思決定を手助けする、印象的な能力に注目したい。パレルモは、唯一無二のチャンスで、正しく解決した。彼はその状況に適応するために、特定のトレーニングを必要としなかった。その無意識的かつ本能的な反応は、速さだけではない。それは伝統的なトレーニングによって習得される方法よりも、効果的だ。パレルモの行動は、トレーニングされた可能性が非常に低い行動であることから、「緊急の柔軟な行動」として知られている。
チェスの名手として知られるガルリ・カスパロフは、次のように説明した。

「最高のアドバイスは、プレーすることだ。多くの新しいチェスプレーヤーは、本を読んで勉強することに固執する。それはまるで、ダンサーになりたいのに本を読んでいるようなものだ。何よりも、プレーするべきだ」

パレルモのゴールは「セレンディピティ（幸運な発見）」だろう。ラッキー？　パレルモは常に、ゴールのチャンスを待っていた。パレルモは必ずしも創造性のある選手だとは思われていなかったが、サッカーにおける創造性の概念がテクニックのある選手に限定されすぎていることはすでに問題視されている。実際には、革新的な解決策を提供する能力が創造性だ。「幸運な発見」は、固定観念や厳格な心の遺産ではない。それらの心は、従来の解決策しか受け入れない。

予知を残したままボールと触れ合う必要性

そして、アルゼンチンの指導者、ディエゴ・マルティネス（ティグレ、ゴドイ・クルス、エストゥディアンテスなどで監督を務めた）がコメントするように、指導者の介入にも限界がある。

「すべてをトレーニングしようとしても、試合ではほかのことが起こる可能性がある」

パコ・セイルーロも、「サッカーではすべてが予測不可能な場合でも、予測可能なところから着手しなければならない」とコメントしていた。

サッカーを理解しようとする努力は、サッカーを完全に理解できないことへの諦観につながる必要がある。結論として、すべてをトレーニングすることはできないからだ。試合で起こるすべてを予測することは不可能だ。豊富な供給（敏感、知覚、決断、認知）によってヴィセラルトレーニングは、私たちがトレーニングしたことにさえ気づいていなかった特定の反応をトレーニングすることを可能にするだろう。

イーゴリ・ストラヴィンスキー（ロシアの作曲家であり、『火の鳥』『ペトルーシュカ』『春の祭典』などで知られる）が楽器と出会うように、トレーニングと出会う必要がある。

「私たちの指を過小評価するべきではない。彼ら（指）は偉大なインスピレーションを与え、楽器と接触することで、ほかの方法では生まれなかった無意識のアイデアを明らかにすることがある」

言い換えれば、ストラヴィンスキーとピアノのように、ボールとのコミュニケーションが私たちを驚かせるために、予知を残したままボールと触れ合う必要がある。あらかじめ決められた経路がある場合、無意識の世界から何かが生まれる可能性はない。マンチェスター・ユナイテッドに所属していた元イングランド代表のMFポール・スコールズが、20年以上前にブラッドフォード・シティと対戦した試合で決めたゴールについて語っているように、事前の決定がない場合にのみ、何かが試合で発生することがある。

「私たちはトレーニングでそのプレーを試したことがなかった。ベッカムがちょうどCKの準備をしていたんだ。私は自分がそこにいることを知らせるために彼に少し顔を向けた。彼は私が望むエリアにボールを蹴った。私たちは同じ波長でプレーしていたんだよ」

「私たちは同じ波長でプレーしていた」というコメントは「私たちは同期していた」ということだ。スコールズがこのパターンはトレーニングされていなかったと告白したように、意識と無意識の学習経路がなく、明示的な学習経路がなかったと推測するのが妥当だろう。彼らは、同期を促進するための学習もトレーニングも行っていなかった。それは、偶然のプレーだった。それは、私たちの脳が無意識に推論できるおかげで実現された。

簡単に言うと、ヴィセラルトレーニングを、ほかのトレーニング方法が制限している無意識の潜在能力を発揮する場所として理解することが重要になる。即興音楽の例で言えば、ある研究では「即興演奏は、標準的な演奏と比べて、音の時間的特性、動作、音色特性、そして音楽家たちがお互いのジェスチャーを読み取る方法など、多岐にわたって異なっていた。観客は、即興演奏のほうが原曲に忠実に演奏するバージョンよりも、よりエキサイティングで説得力があると感じていた」ことが示されている。

規則的なパターンに従う演奏よりも、即興演奏のほうが観客を興奮させるのは偶然ではない。しかしサッカーにおいては、2つの困難がすべてを妨げてしまう。1つはピアノを揺さぶり、サックスを壊そうとする相手チームであり、もう1つは勝利の喜びだ。観客は試合中の興奮も求めているが、それ以上に結果を求めている。音楽についての研究は、ハンガリー出身の心理学者ミハイ・チクセントミハイが次のように結論づけている。

「音楽家の脳活動の記録を観察してみると、即興演奏中に得られた脳波の信号は、構造化された演奏中に得られた信号よりも複雑だった。この結果は、精神状態の混乱度が高いほど（Carhart-Harris et al. 2014によって提唱されたエントロピー脳仮説で特徴づけられるような）、創造的なフロー状態を促進することができることを示唆している」

高齢者の歩行とサッカーとの深い関係性

多くの感覚的供給があることに関しては、改善された体性感覚フィードバックは前頭前野皮質の活動を減少させることで知られている。デヴィッド・クラークらが言及した高齢者の歩行に関する研究では、「健康な人間は、定常状態の歩行調整が比較的自動的であり、細かい走行とパフォーマンスタスクに積極的に注意しなければならないことは少ない。体性感覚は、この自動性を促進する脊髄と脳幹回路への重要な入力だ。高齢者における変化した体性感度は自動性を低下させ、制御処理を増加させ、歩行機能の欠陥に寄与する可能性がある」と述べられている。研究者の最終的な結論は次のとおりだ。

「高齢者が歩行するときに体性感度が向上すると、前頭前野皮質の活動が減少する。これは、歩行中の制御処理の使用がより少ないことを示唆している」

しかし、疑問に思うかもしれない。「高齢者の歩行とサッカーには、何の関係があるのだろう？」。研究者の最終的な結論について、推論を提示してみよう。

「高齢のサッカー選手がプレーするときに体性感度が向上すると、前頭前野皮質の活動が減少し、プレー中に制御処理をより少なく使用することを示唆している」

したがって、身体の感覚を処理する神経系を最適化すればするほど、サッカー選手は意識的な依存から解放され、無意識で脳を処理することで自己の位置を把握することができるようになる。例えば、ヴィセラルトレーニングが多様性と難易度を持てば持つほど、感覚受容器が刺激され、関節の位置、筋活動、身体の空間方向に関する情報がより多く提供されることになる。さらに、ヴィセラルトレーニングが増えれば増えるほど、身体感覚を処理する神経系の刺激が増加し、感覚情報を調整するための意識的な処理に依存する必要が少なくなる。意識的な処理は、選手がフィードバックを受け続けることで、自己組織化プロセスと選手の深い解決能力を劣化させることがあるのだ。

体性感覚系は、環境情報が神経系に入り込む入り口となっている。トレーニングにおいて必要なことは、そのドアを拡大し、最適化することでより透過性を高め、系統にとってより関連性の高い情報の入り口を用意することだ。

ここで忘れてはならないのは、このプロセスがより広範な知覚の一部であるということだ。この時点で感覚情報は以前に習得した情報と統合されるため、個々の感覚によってそれぞれの色が塗られていくことになる。リカルド・フェシェは、「感覚の処理自体が相関的かつ自己中心的であり、それぞれの体験や外部信号の生命的、愉悦的、感情的な要素に関連づけられ、その後に行動的な相互作用に向けられる」と述べている。

海馬は、物体の識別と空間的な位置を状況に即した表現に変換する能力に加え、個人的な経験を包括的にするために、生命的、愉悦的、感情的な反応を生成する原始的な構造と強く相互に接続している。したがって、状況に即し、感情的に色づけられた情報は、包括的で個人的な体験に変換される。

例えば、サッカー選手がドリブルの動きを知覚できるようになるには、その前に感覚情報が時間をかけて統合される必要がある。つまり、意識は瞬時に発生することはない。その後、脳の処理が無意識の時間空間で行われながら感覚情報を統合し、そのあとであのパス、あのスペース、あの相手チーム、あのチームメイトを知覚できるようになる。そのため、ヴィセラルトレーニングは一方で感覚情報を追加し、もう一方で意思決定の量を増やすことで、無意識による脳の処理を妨害しようとする。より多くの感覚情報があることでより多くのことが起こっている状況になり、知覚的、決定的な要求が増加するのだ。

その結果として、無意識の処理が情報をより少ない時間で処理するように求められる。だからこそ脳機能を最適化する必要がある。このような情報処理の要求は、意識的に行うことができないため、必然的に無意識の処理によって行われる。最初にヴィセラルトレーニングを経験した選手は意識的に情報の洪水を把握、処理しようとするが、失敗して諦めてしまう。しかし、この諦めこそがヴィセラルトレーニングにとってプラスに働く。なぜなら、選手はある種の本能的、直感的な内部感覚に任せることで、問題を解決することができるようになるからだ。

ボールとその意図を知覚する方法には大きな可能性がある

一方で、特定の知覚エラーは感覚よりも認知と関係がある。

「私たちの世界の認識は、上昇する認知的および上昇する感覚的プロセスの組み合わせに

よって支配されている。これは、知覚現象が脳内の感覚的、認知的プロセスのどちらから発生しているのかという疑問を生む。例えば、ベースラインの反発は、主観的な予測が動きの方向に関する基準限界から逸脱するという強制的な視覚的錯覚であり、以前は感覚レベルで発生すると考えられていた。しかし、最近の研究は、見誤りが感覚的なものではなく、むしろ知覚後の認知的な先入観を反映していることを示唆している」

*Kuang（2019）

視覚的な知覚についての研究から示唆されていることは、私たちが厳密に見るもの（客観的な現実）が、私たちがどのように何を学んだかによって条件づけられているということだ。言い換えれば、私たちが見たいと思っているものが、私たちが実際に見たいものを効果的に制限しているということだ。

ザック・シェーンブルンは、「知覚と行動のリンクは、反応するだけでなく、経験によっても形成され、予測によっても導かれる。それは記憶と期待の両方を含んでいる」と述べている。「知覚的な選択は、現在の感覚情報だけでなく、過去の選択の履歴など、行動的な文脈にも依存する」とアン・ウライは結論づけている。ピーター・コックとニクラス・ターク＝ブラウンが補足しているように、「知覚は、上昇する期待が下降する予測と組み合わされたプロセスとして考えることができる。これによって、感覚皮質のニューロン活動は前の期待によって強く調節される」のだ。

例えば、サッカー選手が味方にパスを通そうとする場面を想像してみよう。ボールを保持することでより安全性を求めている場合と、トレーニング時から積極的なパスを指導者に奨励されている場合で、サッカー選手の精神状態は異なっている。おそらく、その選手はスペースを客観的に認識しているが、それぞれの認識は主観的に調整されている。そのため、同じスペースであっても、一人の選手はボールを保持する必要があると認識し、別の選手はそのスペースに縦パスを狙えると認識している可能性がある。

ヴィヴィアン・ボールとウーター・ファン・デン・ボスが示唆しているように、「高次の意図は、知覚に直接影響を与えることがすでに複数の研究で示されている。例えば、手段を知覚する方法は、それらを使用する意図に影響を受けている」ということだ。このように、サッカーボールとその意図を知覚する方法には大きな可能性がある。つまり、ボールを保持することを望むチームが持っている知覚は、ボールを保持しないことを許容するチームが持っている知覚とは非常に異なると考えられる。そして、その知覚は高次の意図によって影響を受けている。同じトレーニングでも、高次の意図によって異なる知覚が引き起こされることもある。

だからこそ、知覚的な仕事を、期待と調和させる必要がある。選手により良く、より多く知覚させるだけでなく、私たちが知覚させたいものを選手が期待するようにすることも試みなければならない。なぜなら、もし私たちの期待と選手の期待が異なる場合、すべての認知的な作業は無意味になってしまう可能性があるからだ。

ペトラ・ヴェッターとアルバート・ニューエンは、次のように問う。

「私たちの知覚経験は世界の真実だろうか、それとも過去の信念や経験の産物だろうか？認知洞察は、哲学や認知科学の分野で議論されてきた、高次の認知的要因が知覚体験に与える影響を示す概念だ。ここでは、特に初期の視覚に焦点を当て、文脈上の期待と記憶された認知的内容が、初期の視覚プロセスに及ぼすトップダウンおよび文脈上の影響を示す最近の実証的証拠に基づく認知的洞察を提唱する」

さらに、サッカー選手における「確証バイアス」が、まだ十分に研究されていないことも問題だ。確証バイアスとは何だろうか？　基本的には、過去の信念の確認的な証拠が増幅され、確認的でない証拠は排除されることだ。サッカーに置き換えると、「リスクのあるパス」対「安全なパス」の例に戻る必要がある。前者は、成功した縦パスを使用したスペースに固執し、パスの傾向を確認する。後者は、成功率の低いスペースをすべて、より安全なパスを出す傾向の正当化として使用する。言い換えれば、選択的に優先するのだ。また、選択的に無視されることもある。これらのすべての先入観は、一般的に無意識なものだ。

4 認知的葛藤

サッカーにおいて、認知的葛藤は避けられない。認知的葛藤に対処し、解決する方法を学ぶことは重要だ。ヴィセラルトレーニングは認知的葛藤を待つのではなく、積極的に探そうとする。認知的葛藤（サッカー選手が自分の精神的表現と矛盾する情報を認識する場合）だけが、脳を「再構築モード」にさせる。アモリー・ダネックとバージニア・フラナギンが実施した研究はサッカーだけを対象にしたものではないが、非常に示唆に富む。

「部分的には重複している独立した脳活動のネットワークが、認知的葛藤と再構築のために機能する。認知的葛藤における主として視覚的な後脳活動は、予測エラー、信号の特定の感覚領域への注意、および所定の脳状態に関連するプロセスを反映していた。一方で再構築は、事前に決定されたモード、実行制御ネットワーク、および突出したネットワークの領域における脳活動の高度に分散されているパターンを示していた。大脳皮質の一部で高次の認知機能や言語処理に重要な役割を果たす角回と平均側頭回は、認知的葛藤と再構

築の両方で活発に活動していた」

認知的葛藤を評価すべきなのだろうか？　もしくはサッカー選手にとって、それは避けるべきなのだろうか？　ジョン・キーリーとデイヴ・コリンズは「時間の経過により、適応可塑性はニューロンと生物学的な構造を形成し、運動のタスクによりよく対処することを助ける」と述べた。

認知的葛藤を取り除くことによって、サッカーというスポーツで必要な動きについて特定の適応可塑性を構築することが可能なのだろうか？　試合では必然的に、認知的衝突が発生する。対戦相手の指導者も試合の準備をするし、対戦相手の選手も我々を研究するからだ。

したがって、さまざまな認知的葛藤を誘発する対戦相手が我々の再構築能力と問題解決能力を発揮しなければならない状況をつくる前に、これらすべての精神的メカニズムの経験とさまざまな脳領域への刺激はトレーニングで行われるべきだ。

5 意識よりも優れた無意識

著者 @innovafutbol「今日、セバスティアン・ドミンゲスは次のようなことを言った。『9番が与えられた時間が長くなるほど、結果は悪くなる。私はディフェンダーとしてプレーしてきたが、それは本当だ！　考える時間があると、9番は不器用になる。選択できるなら、本能的な反応を求める』」

ドミンゲス @sebadominguez6「9番がボールを持ちGKと向き合う時間が長いと、一瞬のアクションよりも結果が悪くなってしまう印象を持っていた。ヘルマンの説明を待とう！」

著者 @innovafutbol「それは、ドミニク・ティームが全仏オープンで経験したことだ！　彼は時間とスペースを十分に得ていたが、結局コートの外にボールを打ってしまった。そのとき、解説者があなたと同じようなことを言っていた。結局、選択肢は少ないほうが良いことなのかもしれない」

——セバスティアン・ドミンゲス（アル＝ドゥハイルアシスタントコーチ、Twitterでのやりとり）

サッカー選手が決断を下さなければならないとき、状況に最も適した選択をするために、利用可能な選択肢を考慮する必要があると思うのは論理的な思考だろう。そのようなサッカー選手は、自ら経験した行動の記憶と過去に得た結果に基づき、各選択肢の長所と短所を分析していると思い込んでいるはずだ。ただ、その思考はもっともらしい思考のようだが、論理的なもので現実的なものではない。正しいように聞こえるが、実際は正しくはない。それは、私たちが意思決定であると信じていたことの合理化をしているにすぎない。

サッカー選手がそれぞれの状況ですべての選択肢を分析した場合、各プレーには数分かかってしまい、いつまでたっても試合は終わらないだろう。サッカー選手は、自分が論理的にプレーしているとは知らずにプレーしているのだ。そして、論理的にプレーをしたいと思っていても、論理的にプレーをしているとわかっていても、論理的なプレーをできない。なぜなら、それは論理的なプレーを意識的に監視する方法がないからだ。

つまり、サッカー選手は現実的な精神情報を利用して決断を下している。その現実において多くの代替案を考慮できる時間などない。ドゥアルテ・アラウホらも、次のように説明している。

「時間的なプレッシャーがかかる状況では、選手が試合の二次情報を認識できなくなる心理的な不応期が生じることがある。したがって、選手は最初の知覚に頼る必要がある」

ときには、2つの選択肢を比較する時間すらない。あるいは、ボールを持った選手がアクションを開始できないままボールを奪われてしまう回数を見ると、1つについて考える時間すらないことがわかる。したがってペップ・グアルディオラは、より狭いスペースでトレーニングを行うことを提案している。そうすることで、彼らは考えたり決断を下したりする時間を減らすことができるからだ。つまり、グアルディオラは、選手が考える時間を減らす必要があることを明確に示している。ヴィセラルトレーニングは、グアルディオラが要求するように、選手に短時間で考えさせるように設計されている。

気晴らしの無意識思考がより良い決断をする

アプ・ダイクスターハウスは、サッカーの試合結果について予測した人々の精度を調査し、「無意識に考えた人は、意識的に考えた人よりも診断情報の適用に優れている」ことを発見した。彼らは5つの実験を実行する前に、「複雑な決定をする際には、意識的な思考が適応不良になる」という仮説を立てた。実験1から3までの結論は、「無意識の思考者が最良の決定を下した」というものだった。そして、実験4と5からは、「無意識の思考は、より明確で、より極端で、より統合された記憶表現を導く」ということが示された。

それでも、サッカーに関しては、より具体的な科学的研究が必要だ。決断をするための意識的な思考と無意識の思考に関する研究は、深い推論のあとに直ちに決断を下すこと（意識的思考）または一定期間の気晴らしのあとに決断を下すこと（無意識思考）に基づいている。サッカー選手は意識的な決断に時間を取ることができず、状況を分析したあとに無意識的な思考が決断に影響を与えるような気晴らしの時間を取ることも難しい。サッカーは常に、現在進行形なのだ。神経科学的な研究は、気晴らしの無意識的な思考がより良い決断をするのに役立つことを示している。アメリカ・ケロッグ経営大学院のロレン・ノードグレン教授は、「無意識思考理論」の創始者の一人であり、次のように述べている。

「良い決断をするためには、何をしなければならないのだろうか？　無意識の思考を働かせるためには、目標に向かっていく必要がある。問題を解決するために作業する上で、目的を持たなければならない。そして、別のトピックに注意を向ける。これは意図と信頼の問題だ。問題を解決するために作業する目的をつくり、それを解決するための手段を信頼する必要がある」

「無意識に判断した被験者は、どのようにして最良の決断を下せたのだろうか？」という疑問にも、答えなければならない。神経科学研究は、被験者の気が散っている間における無意識の状態にある期間に何が起こっているかを解明した。

「無意識の思考が活動している期間、被験者が車やアパートのすべての特徴を意識的に吸

収していたときに活動していた脳の領域が、あとに気が散っている間にも活動していたことが判明した。さらに、無意識の処理期間中に同じ脳の領域がより活発であったほど、被験者が下した決断が良かったということがわかった。つまり、重要な情報を取得するために最初に使用された同じ脳の部分が、意識のない直感的なプロセスによって問題を解決するために使用されたのだ。意識のある心は別の場所にあったということだ」

私の直感的な感覚では、無意識が良い決断を下すために気を散らすことは必要ではないと思っている。気晴らしがなくても同じようにできるはずだ。選手が意識的に考えることなく技術的、戦術的な正しい決断をどの程度行っているかを観察すれば、それが経験的な証拠となるに違いない。

ジョン・バーグは、「判断が複雑で多くの異なる側面と特徴を組み合わせる必要がある場合、つまり車やアパートの場合（私はこれにサッカーを追加したい）、無意識の決断が優れている傾向がある」と述べている。私たちの短期的で意識的な記憶は限られており、任意の時点で多くの情報を保持することができない。私たちは一度に最大で3つのことを処理できるが、それ以上は難しい。私たちの意識的な心は、数個のことにしか焦点を合わせることができないからだ。

直感が現れるのはアイデアがあるからだ

そのほかの研究では、この数が7に増える可能性があることを示唆している。「意識的な思考は非常に強力だが、ある瞬間に考慮できる複雑さに限界がある」というバーグの議論に従って考えたとき、サッカーは「3つ以上の変数を扱う必要があるスポーツである」ことは容易に理解できる。さらに、それらの変数は動いているのだ。そして、それだけでは十分ではなく、我々を困難にさせるような誤解を与えたり妨害したりする変数もある。認識と感情の洪水を意識的に処理する必要がある脳には、これらの変数は扱えないと考えることができるだろう。

もし、脳の処理に関する特定の認知トレーニングが不足していることが受け入れられることになれば、意識的または無意識的な知覚、意識的または無意識的な注意、意識的または無意識的な意思決定、意識的または無意識的な実行など、発展途上の専門分野を大幅に進歩させることになる。特に小さな差が結果に直結するハイパフォーマンス競技にとって、このトレーニングが決定的な違いになるかもしれない。

指導者は直感が現れることは、複雑な無意識の思考プロセスの終わりに過ぎないということを理解し、私たちの直感プロセスに自信を持つ必要がある。私たちはその隠されたプロセスを認識していないため直感を信用していないが、それが意識に現れたことは直感が存在したことを知るための十分な証拠だ。直感が現れるのは、アイデアがあるからだ。そして、アイデアがあるのは、脳の処理が直感を実現するためにそこに隠されていたからなのだ。

スティーブン・ナフマノヴィチは、直感について次のように述べている。

「直感とは、シナプスの合計であり、私たちの神経系全体が1つの光に調和して組み合わさっている。それは情報処理のようだが、計算はAからBからCに向かう線形的なプロセスであり、直感は同心円的に計算される。すべてのステップとすべての変数が同時に中央の決定点に集まる。それは現在の瞬間だ」

合理的な知識は一歩ずつ進んでいくが、1つのステップの結果が前のステップの結果を破壊することがある。そして、これは頻繁に起こることだ。そのため、私たちは考えすぎて、最終的に何をするか決められない瞬間がある。合理的な知識は、私たちが明確に認識している情報から得られる、私たちの総合的な知識のいち部分にすぎない。一方、直感的な知識は、私たちが知っているすべてのことと、私たちが持っているすべてのものから生じている。それは豊富かつ多様な方向と情報源から、瞬間的に収束する。

人生で最もシンプルでありながら最も捉えどころのない教訓は、無意識の声に耳を傾けることを学ぶことだ。直感的であることは、非科学的であることではない。それは、無意識の脳の処理方法を整備することだ。

6 即興性

「サッカーでは、考え抜かれたプランが機能せず、即興的にプレーしなければならないことがある」

――アレックス・ファーガソン（元マンチェスター・ユナイテッド監督）

本書では暗黙的にまたは明示的に、即興ヴァイオリニストのスティーブン・ナフマノヴィチに何度も言及してきた。音楽界で即興演奏が歴史的に力を失っていくプロセスを学ぶとき、これは私たちの分野（サッカー）で起こっていることなのではないかと感じるかもしれない。ナフマノヴィチは、次のように説明している。

「19世紀に支配的だった即興演奏は、徐々に形式的なソロコンサートに取って代わられた。産業革命によって、すべての生活の分野が『専門化』『職業主義』に過度に重点を置くようになったからだ。ほとんどのミュージシャンの仕事は当時、神秘的で神聖な創造プ

ロセスにアクセスした作曲家が書いた楽譜を演奏することだけに制限されていた。作曲と演奏は相互に分離していき、双方にとって不利になっていったのだ。（中略）近年になって、即興演奏が再び現れた。自由な即興演奏と個人的な芸術創造における新しいスタイルがつくられている」

音楽はサッカーよりも進んでいるのだろうか？　同じように、即興こそが次代のサッカーになるのだろうか？　我々は、自動化を解除する即興演奏を取り戻す必要がある。構造化された自動化は、どれだけ速くても試合で価値を生み出さない限り、流動性を排除することになってしまう。自動化は選手の即興を改善するために導入されたが、その結果としてそれを抑圧するようになってしまった。両者が賢明に協力して相互作用しながら働くように、それを取り戻すときが来たのだ。

即興は、サッカーだけの専売特許ではない。マラドーナ、クライフ、ペレ、メッシのように、見事に即興できる人物は彼らだけではない。ダ・ヴィンチ、バッハ、モーツァルトのような芸術家たちも同様であり、書き直しや削除なしで補完的な楽曲を書くことができた。絵画でも同様に、カンディンスキー、タングイ、ミロ、フォードのような画家たちは「あらかじめ決められたテーマを持たず、内に秘めた色や形を自然に、そして無意識の自由な表現から生み出す」ことを得意としていた。

これは、演技でも同様だ。私は父親と一緒に、アルベルト・オルメドの演技を楽しんでいた。偶然にも、彼は台本に従ったときよりも、即興をしたときのほうがずっと面白かった。「魂を込めて即興演奏を行うと、選択肢やイメージが非常に速く現れるため、直感に従うことにパニックを起こすことも、逃げ出すこともできない」と、ナフマノヴィチは述べている。

ナフマノヴィチは、次のようにコメントしている。

「初めて即興演奏をしたとき、私は何かに参加しているという感覚を非常に興味深く感じた。それは音楽をつくる次元を超えた一種の精神的なつながりだった。即興の瞬間を眺めることによって、あらゆる種類の創造性に関連するモデルを発見した。鍵を発見し、同時に自分自身をつくり上げ、組織し、本物の人生を生きた」

即興にのみ、自己組織化への真のリンクが見つかる。外部（指導者）からの組織化が存在することは悪いことではない。問題なのは、自己組織化プロセスが探求されていないこと、即興を通じてそれが伴わないことだ。

ナフマノヴィチは続けて、「演劇、音楽、ダンスなど、劇場における自由な共同即興は、権威によって作成された構造、表現形式、規則ではなく、プレーヤーによって作成されたまったく新しい人間関係の階層と新鮮な調和を私たちに紹介する」と述べている。これは、中国思想の研究で世界的に知られているイギリスの生化学者ジョセフ・ニーダムが言うことと非常に似ている。

「中国の世界観では、すべての存在の調和的な協力が、彼らにとって異質な上位機関の命

令ではなく、宇宙のパターンを形成する階層の一部であることから生じている。彼らが従うのは、彼ら自身の本質的な内的指令だ」

ヴィセラルトレーニングは、「共即興」（ナフマノヴィチ）と「宇宙のパターン」（ニーダム）を可能にする。ヴィセラルトレーニングでは、即興を試合そのもののために行うだけではなく、試合のシステム内で即興を行わせたり、試合の局面内で即興を行わせたり、ゲームモデルに合わせて即興を行わせたりすることができる。選手の自己組織化プロセスは、指導者が与えるものと競合するわけではなく、互いに補完し合うことができる。ときには指導者の組織化がうまくいき、ときには選手の自己組織化がうまくいくだろう。一方がうまくいかないときは、もう一方が助け船を出す。自己組織化プロセスにおいて階層的な指導者の存在を排除することが必要だという一部の思想とは異なり、プロのサッカー界においてはこれが不可能だ。したがって、階層が自己組織化の状況を提供し、自己組織化が階層にヒントや解決策を提供するようにすることが重要となる。

サッカー選手は即興的なプレーにおいてすべての認知能力を活用する

機械化は特定の実行を促進することがあるが、それらの実行が流動的に行われるには、それらが作成された環境に非常に似た環境が必要になることも事実だ。これが起こらない場合、つまり計画されたことが試合で出てこない場合、2番目に重要な道具が必要になる。それこそが即興だ。

例を見てみよう。2021年のデンマーク代表はアナリティックトレーニングによってデザインされていた。MFトーマス・デラニーがシュートし、それをGKがセーブしたことでボールが弾かれた。デラニーは本能的に何をしたかと言えば、彼は、スコーピオンキックによってゴールを決めたのだ。考え方や構造（デラニーが特定の動きに従う必要があった）がうまくいっていなかったのだ。そこに、自然発生的なものが完璧に続いた。つまり、自動化を求める中で、自発的な解決策が見つかり、自動化された試みが解決できなかったことが解決されたということだ。これは、私たちのトレーニング方法を再考するための非常に有力な教訓だろう。自動化が解決できないことを「2回目の動き」となる自発性が達成していることは、私たちが思っている以上に多いのかもしれない。

同じことがボカ・ジュニアーズでプレーしていたFWのホナタン・カレリにも起こった。プレーを選択できる時間があったとき、彼はパスをミスしてしまった。そして同じプレーの継続中に、時間が少ない中「ラボーナ」でゴールを決めた。脳は素晴らしい（そして矛盾した）器官で、時間があるほど協力しなくなり、時間が少ないほどインスピレーションを与える。

従来の反応は、どのような反応かと言えば、選手はトレーニングされたものとは異なる解決策を見つけたとしても、私たちが考えられる論理的な反応にすぎない。一方で、創造的な反応は、どのような反応かと言えば、選手はトレーニングされたものとは異なる解決策を見つけ、私たちが考えられないまさに創造的な反応だ。創造的な反応では、意識的な知覚は創造的な反応のあとにやってくる。

サッカー選手は即興的なプレーにおいて、認知能力をフル活用する。それは、感覚や知覚のコーディング、記憶の蓄積と出し入れ、知識や技能の組み合わせ、運動制御やパフォーマンス監視などだ。Oshoは、次のように言っている。

「生命には知能がある。生きているのであれば私たちは知的だが、それを信頼しない場合、徐々に私たちの生命からそれが消え始める。足を使わなければ、走る能力を失う。3年間目を隠していたら、盲目になる。私たちの感覚を生かすためには、常に使い続ける必要がある」

即興はフロー状態と密接に関係している。考えたり反省したりする必要はない。スポーツ心理学のホセ・マリア・デル・ピノ博士は、次のように主張している。

「アスリートの主な仕事は、何が起こっているかを深く解析したり分解したりすることではなく、むしろ試合中で起こる変化に最適かつ効果的に反応することだ」

これらの目標のために、ヴィセラルトレーニングは有益だ。変動性を減らすことは、意味がない。ピエール＝ポール・ヴィダルとフランチェスコ・ラクァンティが言うように、「定型的なタスクでさえ、感覚的、運動的な行動はノイズ、冗長性、適応性、学習、または可塑性のために変動することが証明されている」からだ。優れた即興は流動性の状態として感じられる連続性を備えている。

この即興とフロー状態は無意識的なプロセスで実現される。アメリカの教育者ジュリア・キャメロンは「芸術家があまりにも脳みそで考えすぎると、麻痺してしまう」と述べた。これは、ランナーにとっても同じことが言える。リンダ・シュッカーとルーシー・パリントンの研究によると、「走る動きに意識的に集中することは、ランナーを最適化された走行パターンから遠ざけ、その効率性を損なう」ということがわかっている。

サッカー選手にとっても、ロボットよりもアーティストであるほうが望ましい場合、同様のことが言えるだろう。しかし同時に、最適なフロー体験は、努力が必要で価値のある困難なタスクに基づくアクティブな瞬間に発生することがわかっている。言い換えると、この前提条件（困難なタスク）の下では、アナリティックトレーニングがサッカー選手のフロー状態を引き起こす可能性は低い。

専門家は無意識のうちに処理を行うため情報処理が非常に速い

サッカー選手の即興についてはまだ十分に研究されていないが、音楽家の研究から有用な参考文献を抽出することができる。アナ・ピーニョらは、次のように主張している。

「即興演奏の総時間は、前頭葉―頭頂葉の実行的皮質領域の活性と負の関連があった。一

方、即興演奏のトレーニングは、両側の背外側前頭葉皮質、背側運動皮質、前補助領域の機能的な連結性と正の関連があった」

研究者は、「即興演奏の利点は、一方で即興演奏のある程度の自動化を得ること、そしてもう一方で創造性に重要な連想ネットワーク内での情報交換をより効率的にすることだ」と結論づけている。

このような音楽的研究において、チャールズ・リムとアレン・ブラウンは、「即興演奏は、一貫して前頭前野皮質における活動パターンの分離した特徴を示した。すなわち、外側前頭前野および側面眼窩部の広範な非活性化が見られ、一方で前頭極部の中心的な活性化が見られた。刺激に依存しない行動は、通常は自己制御と意識的意志によるパフォーマンスの進行を仲介する基本的なプロセスが欠如している中で発達する。即興演奏中の前頭前野の活動変化は、音楽演奏の組織と実行を仲介する新皮質運動領域の広範な活性化に伴っていた」と述べている。

神経科学的な証拠だけでなく、経験的で直感的な知識も、私たちを意識的な脳の処理から解放することを支持している。そのため、指導者の芸術性とは、戦略的に正しい台本を練り上げ、選手たちの流れに従うことができる柔軟性を持たせることで、選手たちを導くことだ。試合は細部で決まり、選手たちの直感的な貢献は、良い戦略計画を決定的にする細部かもしれない。その逆に、選手たちの直感がない場合、問題を引き起こす可能性がある。

ナフマノヴィチは、次のように表現している。

「経験を積むにつれ、自分を制御する必要がある程度緩和されることで、自分が弓を引いているのではなく、弓自体が音楽を生み出しているかのように演奏するようになった。自分の役割は、その進路を妨げないことだけだ。ヴァイオリンに独自の生命を与え、自分は謙虚に退いたのだ。もはや巧みさ、柔軟性、力、持続力、筋肉の調子、迅速な反応を、楽器に自分の意志を押しつけるための手段として追求するのではなく、前意識の深部から音楽を直接演奏するために自由な進路を開くことに集中した。それは私の下にあって私を超越していたものだった」

アメリカ・モンロー大学を率い、数々のサッカー書籍を世に送り出しているマーカス・ディベルナルドが言うことと、それは似ているだろう。

「高度な専門知識を持つ専門家になるには多くの時間がかかる。ある分野の専門家は、複雑で相互作用があり、予測不能なスポーツ分野で信じられないほどの速さで情報を集めることができる。彼らは私たちの意識的な思考を通過し、本質的な情報を無意識のうちに、リアルタイムで迅速に収集している。専門家は必要な情報に焦点を当て、不必要な情報は無視する。初心者とは異なり、専門家の眼差しとパターンの頻度は異なる。初心者は不必要な信号に焦点を当ててしまい、情報処理が遅くなってしまう。一方、専門家は無意識のうちに処理が行われるため、非常に速くなる。それによりフローと呼ばれる状態になり、

より高いゲームインテリジェンス、優れた先読み、優れたピッチビジョン、そして優れたパフォーマンスを発揮することができる」

絶対的で没頭した瞑想の状態を仏教徒は「サマディ」と呼ぶ

即興をするためにはまず、自分自身が持っている明確なパターンを一旦解放する必要がある。もちろん、明確なパターンを持っているということは、グループにおける即興のベースとなる隠れたパターンを発見するのに役立つだろう。そこで、ヴィセラルトレーニングは既知の発想とは異なる発想を提供することで、即興環境を促進する。だからこそ、サッカー選手がすでに習得している反応の種類を大きく変えることもできる。ヴィセラルトレーニングにおける即興とは、意識かつ明示的に浮上する反応ではなく、無意識かつ直感的に浮上する反応のことを指す。この反応こそ、試合で現す必要がある。

ナフマノヴィチは「即興は、私たちそれぞれにとっての野生の心、私たちが子どもの頃に持っていた本来の心の回復だ」と断言する。試合に深く没入すると、私たちは消えて、経験に没頭する。ナフマノヴィチは、「芸術が現れるためには、私たちは消えなければならない」とも述べている。

「心と感覚は一瞬中断され、経験に完全に降伏する（降伏と言っているのは強制ではなく自発的

なものであることに注意してほしい)。ほかには、何もない。このように消えると、私たちの周りのすべてが驚きであり、新しくて原始的になる。そこでは、自分自身と環境が一体化する。注意と意図は混乱する。自分たちがあり、そして彼らがあり、そしてそれらを正確に私たちが望むものに誘導、指示できる。この積極的で活発な心の状態は、あらゆる種類のオリジナルな作業にとって最も好ましいものだ。その根は、子どもの遊びにあり、最も完全に発展した芸術的創造性で最も開花する」

私たちは皆、少年たちがプレーに集中するときのすさまじい集中力に驚かされたことがあるはずだ。それは少年たちと世界が消え、プレーだけが残る、広い視野の集中力だ。自分が愛する仕事に従事している大人たちも、これらの瞬間を経験することができる。これらの瞬間は急に訪れ、仕事以外に何も存在しない。集中力と主題への接続の強度は維持され、増大する。純粋な興味に没頭する中で、その特定の環境の抵抗、ニュアンス、制限を忘れるのだ。時間や場所を忘れてしまうのだ。

このような絶対的で没頭した瞑想の状態を、仏教徒は「サマディ」と呼ぶ。通常、サマディには瞑想を通じて到達すると考えられている。しかし、砂浜に城を建てたり、書いたり、戦ったり、愛し合ったりするときにもサマディがある。そして、もちろん、サッカーをするときにもサマディがあるはずだ。

「仕事の姿勢は本質的に二元論的ではない。私たちは仕事そのものだ。私が主体で、それ

が客体であるという区別で行動すると、私の仕事は私にとって異質なものになる。早く終わらせて人生に戻りたくなってしまうのだ」

ナフマノヴィチは、異なるサマディのエクササイズを提案している。その中から、シンプルなものを紹介しよう。

「目の前にあるものを見て、『はい！　はい！　はい！』と言ってください。それは肯定の生きる力のマントラ（サンスクリット語で文字、言葉）のようなものだ……数秒間、可能性の宇宙が目に見えて、実感できる。『いいえ！　いいえ！　いいえ！』と言うと、世界は小さく、重くなる」

本能的にトレーニングすることは、即興ではない。それは指導者とテクニカルスタッフによる計画的なトレーニングであり、サッカー選手の即興とは異なる。本能的にトレーニングすることは、分析、ビッグデータ、または機械学習と両立できる。

要するに無意識が唯一、サッカーの即興的なマニュアルを心の底から理解しているのだ。

7 非線形教育学

「サッカーは複雑で主観的であり、線形ではない」

――アルベルト・カペジャス（元U―21デンマーク代表監督）

チョウ・ジアイが説明するように、「非線形教育学」は、動きの可変性、自己組織化、意思決定、対話的な制約の結果として生じる対象―対象間および対象―環境の相互作用を捉え、試合を教えるための方法論として提示されている。

ヴィセラルトレーニングは、サッカーの試合は複雑系であると考えるため、線形を嫌う。それは、非線形を軸の1つとしているからだ。特定の試合では、線形要素と非線形要素が調和することがあるが、線形要素は非線形要素と相互作用するため、結局のところ、線形がベースである非線形に影響を及ぼすことはない。

研究者のサイモン・ロバーツによるイングランドのエリートユースにおける攻撃的なサッカー選手を対象とした非線形教育の研究では、「1対1の勝負と意思決定の発達に関しては非線形教育の効果があったが、シュート技術の発達に関しては効果がなかった」と結論づけている。

結論は、効果が明らかなもの（1対1の勝負と意思決定）と効果が明らかでないもの（シュート技術）に分かれたものの、以下の説明は実に興味深い。

❶非線形教育が1対1の勝負と意思決定を改善することはもはや説明する必要がない。それは明らかだ

❷シュートの技術的な能力は改善されないことがわかった。非線形教育（およびそれを含むヴィセラルトレーニング）は、技術自体を改善することはない。しかし、意思決定を改善することで技術的な能力が間接的に改善されるため、技術的な効率性の向上は技術的な改善だけではなく、意思決定を改善することからも生じる。つまり、シュート技術自体は改善されないが、シュートをする必要がある状況は改善される

非線形教育とは異なり、ヴィセラルトレーニングにおける局面の戦術的な複雑さは、選手のレベルを超える可能性がある。なぜなら、サッカー選手がトレーニングで解決できなかった問題がある場合でも、問題はないと理解してしまうケースが考えられるからだ。つまり、脳はトレーニングで見つからなかった解決策を取得するために裏で作業している可能性がある。

サッカー選手は解決策を見つけられなくても、脳内でのトレーニングを続けているのだ。

8 心の理論と相互作用主義

サッカー選手は、試合を理解するだけでなく、仲間や相手を理解する必要がある。選手がいなければ、試合はできない。チームメイトや対戦相手を理解することは、試合を理解することと同じくらい重要だ。そして、ここで心の理論が重要になる。発達心理学のボザナ・マインハルト＝インジャック教授らは、次のように述べている。

「他者の行動を理解する能力は、社会的相互作用の基本だ。しかし、人間がこの挑戦的な仕事にどのように取り組むかは、未解決の問題だ」

霊長類研究者のデヴィッド・プレマックとガイ・ウッドルフは、「Theory of Mind（ToM）」という用語を用いることで、初めて他人（および自分自身）に精神状態を帰属させる戦略を定義した。彼らは「他人の行動を理解し予測することは、動き、および顔の表情に伝わる観察可能な信号から感情、意図、および信念を帰属または推論することを意味している」と述べている。

そして、脳の処理を通じて試合における認知にアプローチする方法は基本的に2つあり、他人の行動を理解し予測しようとするときにも2つの方法があることも偶然ではない。彼らは「最近、暗黙的プロセスと明示的プロセスを区別する2つの主要プロセスとして、ToMに関与するプロセスを区別する2つの枠組みが普及している。これらの社会的に関連する信号のデコード（復号）は、自動的で、反射的な暗黙的プロセスによって行われる。ただし、人間はまた、社会的状況において期待される行動の種類や反応に関する暗黙の知識や理論も持っており、個人の経験や文化によって形成されている。他人の精神状態や信念を明示的に表現するプロセスは、認知的に要求され、反射的で遅いと考えられている」と補足している。

理論的観点から言えば、心の理論は両方のプロセスを持っているが、タイプ2（遅い）により多くの認識を受けている。これが、タイプ1（速い）が優位となる相互作用主義（お互いが働きかけ影響を及ぼす）と競合する理由だ。

ヴィセラルトレーニングは、心の理論と相互作業主義の視点を十分に理解しており、改善するための方法もヴィセラルトレーニングの仮説と一致している。だからこそ、心の理論を理解する必要性を声高に警告することができ、他人の心の状態を直接的に捉えることができないとは考えていない。言い換えれば、他人（社会）に関する理解は、感覚的な方法でも発生すると考えている。ヴィヴィアン・ボールとウーター・ファン・デン・ボスは心の理論に関して、次のように提案している。

「心の理論に共通する最後の特徴は、個人の認知プロセスに焦点を当て、状況、環境、肉

体など、社会的認知を可能にするほかの要因にほとんど注意を払わないことだ。（中略）相互作用主義によると、多くの現実的な状況では社会的相互作用のために心を読むことは不要であるためそれほど重要ではなく、参加者が一緒に状況を理解するときに参加者が常にお互いの心の状態を発見する『二重のスクリーン』を通じて反応するよりも、相互作用のプロセスがより適切に特徴づけられる」

ここでは、心の理論の説明に生態学的な欠如があることが指摘されている。ショーン・ギャラガーは、「私たちが社会的認知と呼ぶものは、まず最初に社会的相互作用である」と指摘した。アンドリュー・ヴィーテンとカレル・ファン・シャイクは、文化的知能の仮説で示唆されているように、「社会的学習が探索や個人的学習よりも効率的である」と主張している。

ヴィセラルトレーニングは、相互作用主義に基づいているが、これは心の理論を破棄することを意味するわけではない。ただし、トレーニングや試合の状況では、相互作用主義に基づいている。休憩時間などにおいては、心の理論に基づく場合もある。認知分野のトレーニングは相互作用主義的傾向がある。一方、画面の前での認知トレーニングは、認知の実践的で生態学的なベースを無視し、心の理論により傾斜する傾向がある。

■共同で生成されているものを過小評価してはならない

サッカーにおける選手間の社会的認知と理解は、自然に（無意識的に）起こるため、それを完全に（意識的に）説明し、もっともな理由を見つけることは難しい。シャビ・アロンソは、レアル・ソシエダで成し遂げた偉業について次のように説明した。

「サッカーにおける、基本的な結びつきだ。この場合は、サイドと中央の選手が理解し合っていること、またはプレーメーカーとストライカーが理解し合っていること。これらのパートナーシップ、理解を構築することが、チームがうまく機能するために不可欠だ。その年、私たちがどのように働いて、どのようにソシエダに到達したのか、それは理想郷のように思えるが、相乗効果を生み出すこと、大きな慣性を生み出すことで、すべてがうまく機能した。それは生成されたものや自動化されたものではなかった。すべてがかなり本能的だった。それが生じたときには、最大限に活用する必要がある。それをどのように活用するか、最高のパフォーマンスを発揮するために何をすべきかを知っている必要があった」

ソシエダの素晴らしいパフォーマンスは、シャビ・アロンソにとって奇跡だと考えられている。

しかし、それは奇跡ではなく、彼らがまったく気づくことなく織りなされた、相互作用主義、無意識の集合体がもたらした脳のプロセスによる産物だ。言い換えれば、彼らは社会認知を実現したことを理解していたものの、彼らは社会認知によって到達した方法をうまく説明できない。

シャビ・アロンソの「すべてがかなり本能的だった」という言葉には、無意識的な処理によって古代の知恵に従ったという意味が含まれている。つまり、加速度と質量の計算ができなくても、足首、膝、股関節の理想的な角度を知らなくても、捕食者から逃げるために必要だった数百年前と同じ能力こそ、今でも私たちが必要とするものなのだ。

サッカーにおいても、私たちは獲物であり、意識を持って捕食者から逃れる必要がある。と同時に、私たちは捕食者でもあり、計画を持って獲物を捕まえる必要がある。だからこそ、本能的な速さを兼ね備えなければならない。

では、いつそのような場面が起こるのか？ それこそが、私たちが辿り着こうとしている境地だ。私たちは、言葉で説明できなくても、共同で形成されているもの、共同で生成されているものを過小評価してはならない。なぜなら、もし言葉で説明したら、「魔法」は終わってしまうかもしれないからだ。もし、全員がある方向に進んでいると感じるなら、私たちは説明する必要はなく、ある方向に進んでいることを感じ続けるべきなのだ。シャビ・アロンソが感じたように感じられれば、それが奇跡であっても構わないだろう。

ボールとファン・デン・ボスは次のように提案している。

「相互作用主義は、社会認知のより基本的で、ほかの種とも共有する可能性がある社会認知の側面に焦点を当てている。心の理論は、社会認知のより高度で、具体的には人間の特徴に焦点を当てている」

私たちは必然的に基本的でありながら、高度である必要がある。しかし、基本的な経験を何度も繰り返さなければ、サッカー選手が高度であることは困難だ。試合中、彼らは「本能的な動物」でなければならない。動きのある試合では、サッカー選手はソクラテスにも、アリストテレスにも、プラトンにもなることができない。これは、ボールが最大速度で回転するときにはソクラテスになることができないことを意味し、ボールが止まったときに本能的な動物であり続けることはできないことを意味する。

先ほど触れたように、社会的相互作用はタイプ1プロセスまたはタイプ2プロセスのどちらかだけに基づいているわけではない。ボールとファン・デン・ボスは次のように述べている。

「現実の社会的相互作用は、タイプ1プロセスとタイプ2プロセスの両方が同時に関与することがほとんどであり、社会的行動はこれらのプロセスの相互作用によって維持されている」

なぜ相互作用主義と心の理論はヴィセラルトレーニングに必要なのだろうか？　生態学的環境と

行動実践には妥協ができないが、他人の心の状態を抽象的に推論をして無視するのは大きな間違いだからだ。なぜヴィセラルトレーニングには無意識と意識の両方が必要なのだろうか？　最速で自動的な脳の処理を求めているとしても、抽象的に推論をして他人を無視するのは大きな間違いだ。これらの推論はボールが動いているときには起こらないかもしれないが、それ以外の時間に脳の処理を豊かにし、結果としてボールが動く瞬間を最適化するからだ。

9 統計的学習

記者「数学が得意だったかどうかはわからないが、君の幾何学的な理解度はほかを圧倒している。君が発見しているパスの角度は、ほかの人間には見えないと思う。試合をほかの人とは違う方向から見るスキルに気づいたのはいつから？」
ケヴィン・デ・ブライネ「よくわからない」

日本の脳神経科学者、大黒達也が定義するところによれば、「統計的学習は人間の脳の内在的かつ暗黙の機能であり、脳の発達に不可欠とされている。統計的学習によって、人間は構造化された情報を生成し理解することができる。統計的学習機能により、周辺の現象を予測し、予測誤差を最小限に抑えることで、『知覚上の不確実性』を解決することができる。より具体的には、統計的学習には、脳が遷移確率（つまり、局所統計）とその確率分布の不確実性（つまり、全体統計）を計算する機構が含まれる。最終的に、統計的学習によって、脳は以前の予測を最適化し、不確実性を抑制することができる。統計的学習によって、人間は音楽や言語などの構造化されたシーケンス

（順序）を生成し理解する能力を獲得した」と主張している。

研究者たちが音楽や言語に適用するものは、サッカーにも適用されるようだ。次に、元サッカー選手のデヴィッド・ベッカムを対象にした研究から科学者たちが導き出した結論を見てみよう。

「人間は、正確なキックの軌道を計算するために、複数の変数を頭の中で計算し、そして完璧に実行することができる。ベッカムの脳は、本能とトレーニングからわずか数秒で非常に詳細な軌道計算を行っている。コンピュータは、同じことをするのに数時間かかる。サッカーの物理学において、彼は天才だ」

ベッカムの「未計算の計算」と呼ばれる技術は、統計的学習によって開発されたものであると言えるだろう。誰かがこのような熟練技を獲得する、ほかの方法はあるのだろうか？　スペイン・マドリード自治大学の研究者ホルヘ・イバニェス＝ヒホンは、直接知覚説の第一人者ジェームズ・ギブソンに従って言う。

「知覚の生態学的理論によれば、環境は有用な情報で豊富であり、知覚が真であるためには推論メカニズムや表象的状態は必要ない」

音楽の研究者たちは、次のように追加している。

「統計的学習から生じる知識や行動は、より意図を持たない暗黙的なメカニズムを伴うが、トレーニングや長期的な経験を通じて明示的な知識へと変換することができる。行動の統計的学習は、明示的な知識なしに行われる手順的な学習だと考えられている。したがって、私たちは、統計的学習から生じる音楽的創造性は、主に即興演奏のような直感的な演奏に関与しているという仮説を立てている。そこでは、ミュージシャンが新しいメロディーやリズムを直感的に演奏している」

この最後の段落は、無意識または自動化に移行するためには、意識的な学習およびその激しい反復を必要とするという伝統的に優勢な偏見について、ヴィセラルトレーニングの考えを補強するものだ。統計的学習は、無意識—無意識の経路を辿る。私の見解では、過剰な分析は統計的学習を弱め、生得的で暗黙的な機能を弱めてしまう。というのも、統計的学習は、脳を使用するのに有利な状況と関連していないからだ。

統計的学習が自然に発生していたストリートサッカー

選手が自分でやらなければならないことを、すでに指導者がやってくれているのだ。もし、選手がしなければならない予測が、すでに指導者によって予測され、解決されているとしたら、どんな予測エラーがあり得るだろうか？　以前に図式化されたことを実行するだけのトレーニングに、どのような知覚の不確実性があり得るだろうか？　遷移が事前にわかっている場合、遷移の確率とはどのようなものなのだろうか？　もしそれがすでに指導者によって解決され、そのために私たちは試合の標準化された断片をトレーニングしているのだとしたら、その確率分布にどんな不確実性があるのだろうか？

複雑系では、「与えられた機能内の部分固有の性質は、これらの部分が孤立した状態にあるときには存在しない仮想的なものであり、全体によって、また全体においてでなければ獲得、開発することができない」と言われており、「全体は部分の総和以上であるだけでなく、部分は部分以上に全体の中に、全体を通して存在する」と断言されている。

私たちは賢い選手を求めているのだろうか？　統計的学習によって、試合が提供する情報をリアルタイムで、自分自身で理解し、更新することができることを認めなければならない。

ヴィセラルトレーニングは、予測誤差、知覚の不確実性、遷移確率、同じ確率分布の不確実性を可能にするため、それらによって変数の性格が増えることで統計的学習にとって有利に働く。

統計的学習が、自然に発生していた場所はどこだろう？　それは、ストリートサッカーだ。遊び心を刺激するストリートサッカーを際限なく楽しんでいるうちに、少年たちの脳は規則性を知らず知らずのうちに学習していたのだ。

マルセロ・ビエルサは、次のように断言している。

「今のサッカー選手の大半は、構造的なプログラムでトレーニングされてきており、それは才能の育成に逆行する問題だと思う。野性的で自然、自発的なトレーニングこそが最良であり、ルールがない環境で自発的にプレーすることこそが最高だ。以前は、優れたサッカー選手を輩出し続ける大陸があった。しかし、1日に4〜5時間をストリートサッカーに費やし、5〜6年その環境でプレーすることは不可能になった。必要なのは、場所、時間、そしてサッカーへの愛だ。今の少年たちはコンピュータを使い、英語や他言語を学び、音楽を演奏する。彼らは、もう5時間をサッカーに費やすことはない。サッカー選手のトレーニングにおける鉄則は、長い時間プレーすることだ。たくさんプレーしなければ、私たちは才能を伸ばせない。なぜなら、自分が解決するべき局面に出会う回数が少ないからだ。サッカーが上手になるということは、そういった局面を多く解決することだ。その解決能力を磨くには、毎日5時間、10年間ストリートサッカーを続けることだ。そのとき、選手は試合でも解決方法を見つけられるようになるだろう」

4〜5時間のトレーニングが不可能になった今、1時間を4時間のように感じさせる必要がある。そして、ここでヴィセラルトレーニングが再び登場し、現代の生活で不足した時間の問題を解決するのだ。

10 ヴィセラルトレーニングと暗黙的学習

「『非概念的認識』の状態にあるとき、周りを見回すだけで、目にするものは非常に単純であり、明確で明白だ。つまり、目の前にある光と影の遊び。『このすべて』を言葉で説明することはできない」

――ケン・ウィルバー（アメリカの思想家）

世界のサッカー史における偉大な天才たちは、どのように成功したのだろうか？　明示的な学習によって条件づけられたのだろうか、それとも暗黙的な学習によって自然に導かれたのだろうか？　暗黙的な学習は幼少期にのみ機能するのだろうか、それとも生涯を通じて機能するのだろうか？　戦術的ピリオダイゼーションの父、ビトール・フラーデは私たちに手がかりを与えてくれる。

「サッカーは教えられるものではなく、学ばれるものだ」

これは、人間が努力もせず、何も学ぼうとも意識せずとも、環境の中で非常に多様な規則性を学習するという事実に大きく関係している。少なくとも相互関係にある複数の複雑なパターンを捉えるという点でも、無意識の心は意識の心よりも優れていることを認識する必要がある。

Oshoは、次のように述べている。

「理解は純粋な知性だ。その純粋な知性はもともと私たちのものだ。私たちはそれを持って生まれている。誰も私たちに知性を与えることはできない。知性ではなく、知識は与えることができる。知性は私たち自身の鋭い存在だ」

これこそが、ヴィセラルトレーニングが理想とするものだ。自分自身の賢さを形成することだ。学習方法として、明示的学習と暗黙的学習の2つの区別が広く受け入れられている。前者は意図的であり、それに気づいていることが特徴だ。意図的であるため、意識的な注意が必要であり、学ぶための努力が必要になる。明示的学習から生まれた多くのトレーニング方法があるが、それらは別の文献で説明されており、本書の目的ではない。

一方に、暗黙的学習がある。それには明示的な意図がなく、学んでいることにほとんど気づかない。運動行動は、自然に出現する。話したり歩いたりといった、発達や進化において自然に学ばれることがたくさんあるだろう。

■無意識の外因性注意こそ暗黙的学習の欠かせない部分

無意識は常に「私に教えてください」と言っている。無意識は、学ぶことに傾いている。一方で意識は非常に差別的であり、自分にアプローチしてほしいと思っている。アーサー・レーバーは暗黙的学習を「習得のプロセスと結果の両方についての意識が乏しい状態で、複雑なルールに従った知識を習得する学習」と定義している。ロイス・アイゼンマンによれば、「人間は環境に見つかる多くの規則性を努力や意識をせずに学んでいる」。暗黙的学習は統計的学習の兄弟のようでもある。

おそらく、これはサッカー選手にも当てはまる。分析によって、パターンを促進したり、まとめたりできることは確かだ。しかし、それらは「部分的なパターン」であることを覚えておかなければならない。ヴィセラルトレーニングを使えば、パターンを促進したり、まとめたりすることも可能になる。違いは、これらのパターンが「全体的なパターン」のようなものであるということだ。

ジョン・バーグは「行動の習慣は、個人にとって日常的な環境に根ざしている。この環境は無意識的にそれらを促し、維持する。要するに、行動を変える最良の方法は環境を変えることだ」と要約している。ヴィセラルトレーニングでは、環境を変えて、ある知覚、ある意思決定、ある迅速な認識を促す。

クリス・ヴァーバーグの研究では、27人のエリートユースサッカー選手と25人の非エリートユースサッカー選手を対象に調査し、「暗黙的に学習した動きは、エリートスポーツレベルで存在する急激な変化やストレスの状況に対して、明示的に学習した動きよりも脆弱ではない可能性がある」と結論づけている。キャロル・シーガーは「暗黙的学習とは、複雑な情報を意識せずに学習するものである。暗黙的学習の実験は3つの異なる刺激構造（視覚、シーケンス、機能）と3つの異なる依存変数または反応モダリティ（概念的流暢性、効率性）を使用する」と述べている。

ほとんどの場合、私たちが本当に求めるものはヴィセラルトレーニングであり、何が学習されたか意識がなく、最小限の注意さえあればいいということだ。要するに、神経の効率性とリソースの最適化だ。ポルトガルの指導者、ジウ・ソウザ（バニヤステクニカルディレクター）が説明するように、「非認知的に事象の経験を形作ることができる状況は、選手のより合理的な側面に常にアピールする必要がないまま、相手に関する特定の懸念事項を準備することができる」。

暗黙的学習に本当の価値を与えるために、統合失調症患者は明示的学習能力を失う一方で、暗黙的学習能力を保持していることにも言及すべきだろう。つまり、必ずしも意識は学習に必要ではないということになる。

ダニエル・シャクターによる調査では、「認知科学と神経科学からの最近の証拠は、脳損傷のある患者や正常な被験者が、意識的に記憶したり明示的に認識したりしない刺激について非意識的または暗黙的な知識を示すことができることを示した。さまざまなドメイン（領域の分野）、タスクで観察されている暗黙的な知識と明示的な知識の分離は、知覚、記憶、意識の本質に関する基本的な問題を提起している」。刺激によって引き起こされる無意識の外因性注意は、暗黙的学習に欠かせない部分だ。イアン・ドノヴァンらは次のように結論づけている。

「私たちの研究結果は、タスク固有の知覚能力がある場合、外因性の空間的注意がこの特異性を克服し、同時にトレーニングされなかった配置と特徴の両方の学習の転移を促進できることを示している。したがって、外因性注意は、パフォーマンスの改善に加えて、場所と特徴の両方で知覚的学習を一般化させる」

ヴィセラルトレーニングの条件には、外因性の空間的注意を増加させる暗黙的学習が含まれている。これらのトレーニングの豊かな性質は、子どもたちに見られた発達的可塑性を大人たちに再活性化させることにも役立つだろう。このように考えると、ヴィセラルトレーニングは、サッカー選手の認知的能力を向上させるだけでなく、貧弱な環境から引き起こされた以前の損傷を修復する役割も果たす。ジェイソン・オズブコは次のように述べている。

「長い間、エピソード記憶（個人が経験した出来事に関する記憶）の処理を主に反映しているとされてきた記憶は、ときには暗黙の認知プロセスの結合によっても支えられることがある」

■暗黙的学習によって各選手のスタイルはより強く現れるようにもなる

サッカー選手に、認知機能を自発的に意識させる必要はない。より確定的に言うと、ヴィセラルトレーニングでは、選手がトレーニングの目的が認知機能であることを知らなくても、高い認知負荷を伴うトレーニングを設計することができる。行動の制御は、外部の刺激に一部譲られている。

しかし、認知負荷を与えることによって、私たちは制御を行使しているとも言えるはずだ。割り当ては、自発的なものだ。一般的に意識的な介入が過剰になると、分析化がトレーニングの制御を奪い、環境を貧弱化させる。一般的に、ヴィセラルトレーニングが支配権を握ると、環境を豊かにする。バーグがアドバイスしているように、「環境を変えて、より有益な影響を与えるようにする」必要がある。また、グレゴリー・クレメンソンは次のように説明している。

「脳は周囲の環境に反応して、変化することがよく知られている。海馬は特に環境に敏感であり、新しいニューロンや海馬のシナプスの生成から神経栄養因子の発現の増加まで効果がある」

一方でこの暗黙的学習によって、各選手のスタイルがより強く現れるようにもなる。それは自己が移動し、表現される手段だ。自我は命令を再生するためだけに強制されるわけではなく、自由に動いて答えを探し、その探求の中でますます自己のスタイルを見つけることが可能になる。これはほとんど、自己主張の演習のようなものだ。スティーブン・ナフマノヴィチは、次のように断言した。

「この深く豊かなパターンは、私たちの行動や私たち自身に印鑑を押すような本来の性質だ。人々が歩き、踊り、座り、書くとき、そのスタイルからも性格は見出せる。ベートー

ヴェンの衝動的な音楽は、彼の乱暴な誠実さを明らかにしている。バッハの作品に見られる豪華さと明瞭さは、彼の整然とした思考の現れだろう。スタイルと人格は、彼らが行うすべてのものに現れる。スタイルは個人的なものだけでなく、超個人的なものである彼らの偉大な情熱を移動させる手段なのだ」

イギリスのレーシングドライバーで、コーチングの偉大な先駆者の一人であるジョン・ホイットモアは、次のように言った。

「コーチングとは、人の潜在能力を引き出し、彼らのパフォーマンスを最大化することであり、教えるのではなく彼らが学ぶのを手助けすることだ」

①無意識のメカニズムの縛りを解くこと
②すべての脳のメカニズムを使うこと
③特定の環境での遊びや試合の中で、最大限に暗黙的学習を促すこと。最大の困難が遊び心のある環境と共存すること

11

暗黙的学習の強み

記者「なぜ、ドリブルが死んだと思うのか？」

マルセロ・ビエルサ「正直に言って、何を答えるべきかわからない。リスクを冒すには、相手を欺き、相手が想像するプレーとは異なるプレーを選択しなければならない。それは、教えられた技術ではない。それぞれの創造的な才能の典型だ。教えられないことで、彼らはドリブルする。子どもはどのように、伝統的に遊ぶことを学んできたのだろうか？　ストリートにはルールが存在せず、何時間もプレーする。その後ルールのない多くの時間で、解決すべき状況が現れ、それぞれが解決策を構築していた。今では誰も長い時間プレーしておらず、教育も個人的なものではなくなっている」

暗黙的学習が明示的学習よりも優れていることを示す、ユニークで議論の余地のない証拠がある。それは、教えられないことと教えられることだ。一般的にサッカー選手の最高の武器である欺瞞は教えられないというコンセンサスがある。しかし、欺瞞は学ぶことができる。少なくともこの分野では、無意識の連想やその他の属性と同様に、サッカーでプレーしたり競争したりするために決定的なものであり、分析的、機械的、意識的な形からはほど遠いものだ。これは、ヴィセラルトレーニングそのものだ。そこにはルールはなく、問題だけが与えられている。

ディエゴ・マラドーナは、1986年のメキシコ・ワールドカップでイングランドの選手たちを騙したドリブルを何回トレーニングしただろうか？　分析的なトレーニングとしては、「5人抜き」をしたことはなかったはずだ。しかし、自発的なトレーニングとしては、数千回を重ねてきた。マラドーナのパーソナルトレーナーを務めていたフェルナンド・シニョリーニは、次のようにコメントしている。

「ディエゴは、少年時代に電車に乗ってトレーニングに行くときにイングランド戦のようなゴールを決めていた。駅のホームにはフルーツスタンドがあり、彼はオレンジで遊びながらたくさんの人で混雑したエリアを抜け、電車に乗るときと降りるときにシュートを決めていた」

どのように監督がマラドーナにゴールの決め方を説明するのだろうか

ホルヘ・イバニェス＝ヒホンは、「複雑で高次元な変数は、明示的な指示を困難にする可能性がある。例えば、『光学的サイズとその時間微分の比率に注意するべきだ』と選手に伝えたとしても、何ら役に立たないだろう。したがって、私たちは変数を容易に発見してもらうために、暗黙的な手順を踏み、トレーニング条件を整理するに至った。とはいえ、これは明示的な指示が不必要だという意図ではない」と述べている。

一方、ミカエル・アシュフォードの研究によると、「タスクに対しての知識（明示的）を持っていた初心者のハンドボール選手は、認知的複雑性が高い状況で優位性を持っていた一方で、タスクに対しての知識の代わりにタスクに対してのアクション（暗黙的）を知っていた選手は、認知的複雑性が低い状況で優位性を持っていた」と報告されている。

では、明示的学習を適用せずに、認知的複雑性が高い状況で即座に結果を出した場合、どのように表現されるのだろうか？　その場合、暗黙的学習は、認知的複雑性が低い状況でも、遥かに高い状況でも、そして何より予測不可能な状況でも、有利であると認めることができるのだろうか？さらに、明示的な知識は既知の変数がある状況でのみしか生まれないと考えていいのだろうか？そして、指導者はどのようにマラドーナにゴールの決め方を説明するのだろうか？

これらは説明できるものではなく、湧き上がってくるものだ。つまり、エコロジカルな認識から生じるものだ。行われることのすべてを説明できないように、学ばれることのすべてを教えられるわけではない。そして、もし教えられるとしたら、教えるほうがいいのか。それとも、教えられずに学ばれるほうがいいのか。この問題についてはもう少し深い議論が必要だろう。

第7章

ヴィセラルトレーニングにおけるその他の関連項目

FOOTBALL VISCERAL TRAINING

1

ヴィセラルトレーニングとディファレンシャルラーニング

ドイツ・マインツ大学のスポーツ科学の教授であり、トーマス・トゥヘルの師としても知られているヴォルガンク・シェルホルンは、次のような実験をしている。グループAの選手たちは足でボールをコントロールするように指示され、グループBの選手たちは臀部、膝、足首など、あらゆる箇所でボールをコントロールすることが許可されていた。何時間もの実験のあと、彼らはグループBの選手たちがグループAの選手たちよりも足でボールをうまくコントロールしていることを発見した。

だからこそ、トゥヘルは反復トレーニングの価値を信じていない。ジャーナリストのギジェルモ・バルベルデが「トゥヘル・メソッド」を解説した記事（2015年）は、その創設者であるシェルホルンが説明するように、「ディファレンシャルラーニングは、非反復性と『常に変化する動作タスク』によって、複雑な機能内の変動性を増加させる。そして、確率的な乱れを加える」と説明している。トゥヘルは、このトレーニング方法によって偏執的だと非難されることもあるが、この非難は賛辞でもある。このドイツの指導者は、サッカー選手の認知的トレーニングをより具体的に進化させるためにこれまでの枠組みを破ろうとしているのだ。

ヴィセラルトレーニングはディファレンシャルラーニングと多くの共通点（特に探求の哲学）があるが、大きな違いもある。ディファレンシャルラーニングは、できるだけ多くの解決策を探求することが目標だ。ヴィセラルトレーニングは、解決策の量は重要だが、これらの解決策がどのように生み出されるか（認知速度）がより重要になる。それは「どれだけ」でもあり、特に「どのように」だ。しかし、「どのように」に辿り着くには、「どれだけ」を経験する必要がある。

ディファレンシャルラーニングは、運動の増加した変動性（技術的な学習を含む）に焦点を当てて生まれた。シェルホルンは、ディファレンシャルラーニングのアイデアがどのように生まれたかを次のように説明している。

「私が個々の行動を分析していると、各選手が何千回もトレーニングしているにもかかわらず、各動作が異なることを発見した。それは全体的な動きだけでなく、肩、肘などの異なる関節を観察すると、常に変動が存在した。（中略）サッカーボールを蹴る選手を見ると、その動きに固有の多くの変動を観察でき、これらの変動を減らそうとするのではなく、選手を挫折させることなく常に批判しながら、これらの変動を増加させることができた」

一方、ヴィセラルトレーニングは、意思決定に焦点を当てている。一方は運動に向かっていて、もう一方は認知に向かっている。さらに、それぞれ独自の方法論を展開している。ヴィセラルトレーニングの場合、私たちは本書の［応用編］で見ることになる積層法を重要視する。

最新の論文でシェルホルンが説明したように、運動の実行に関する多くの決断による前頭前野の過負荷メカニズムを通じて学習率が向上することがある。これはのちに制御系の運動における作業記憶を拡大するとされているが、ヴィセラルトレーニングは、原始的で、本能的な反応を探し求めることで、前頭前野との神経回路を介したサブコルティカル脳構造（大脳皮質の下にある神経中枢）を刺激しようとする。

2011年当時、マインツでトゥヘルのアシスタントコーチを務めていたアルノ・ミシェルは、「我々は試合形式でディファレンシャルラーニングを表現しようとしている。（中略）主な目的は、できるだけ多くの変化を得ることで、多様なアクションを通じてスキルを向上させることだ」と語っている。通常より小さなボールを使用し、8対8に3人のジョーカーを加えた試合形式のトレーニングはその典型だろう。しかし、このトレーニングにこそ、ヴィセラルトレーニングとの決定的な違いがある。

ディファレンシャルラーニングをヴィセラルトレーニングに変換する方法

トゥヘルのディファレンシャルラーニングは、ヴィセラルトレーニングではない。小さなボールのような破壊的要素があるとしても、タスクは唯一のものであり、層状の構造は認められない。これらのトレーニングは、「応用編」に含まれるが、ここでは、ディファレンシャルラーニングをヴィ

図13：ヴィセラルトレーニングへの変換1

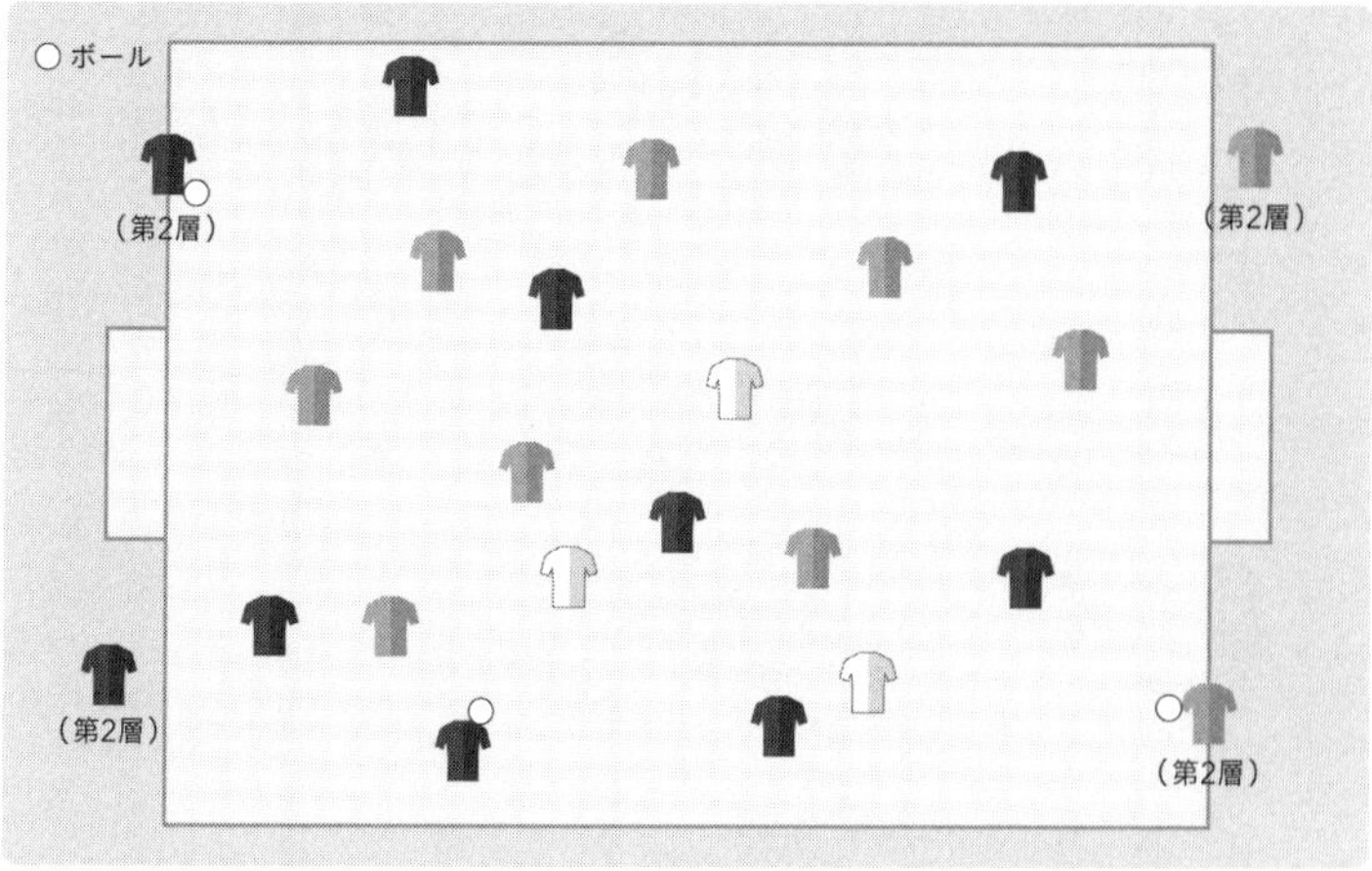

セラルトレーニングに変換する方法を考えていこう。

❶ 8対8＋3という状況は維持されるが、ゴールが追加され、ベースラインから出てきて相手ゴールを狙う選手が加わる（第2層）。8対8＋3の選手は、第1層からのボールを保持または奪回しながら、同時に第2層の相手からボールを奪取したり、チームメイトをアシストしたりする必要がある

トレーニング動画

図 14：ヴィセラルトレーニングへの変換２

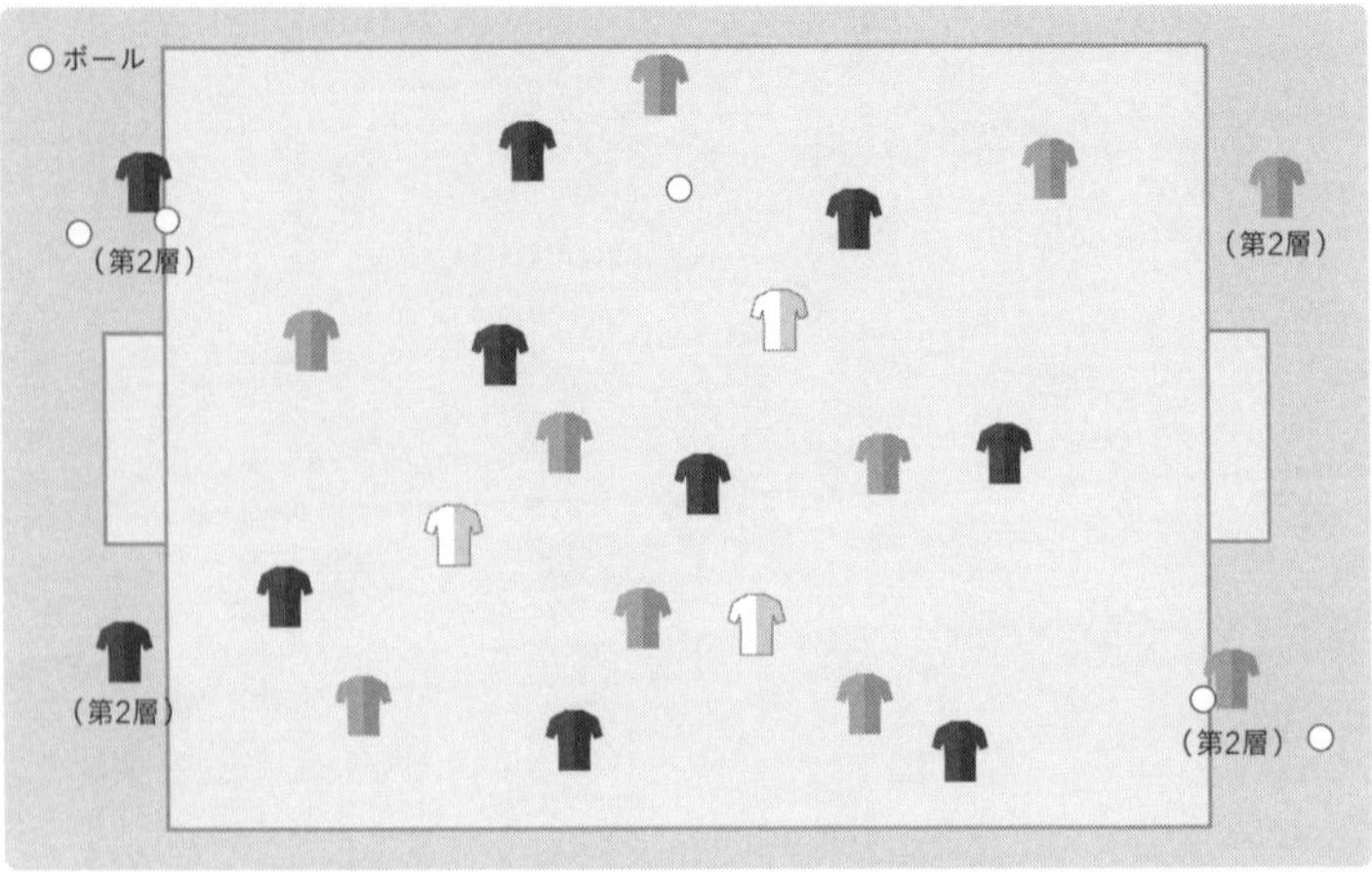

トレーニング動画

❷
8対8＋3という状況は維持されるが、ゴールが追加され、ベースラインから相手ラインを横断して攻撃的にパスを出す選手が加わる（第2層）。8対8＋3の選手は、第1層からのボールを保持または奪回しながら、同時に第2層のチームメイトを助けたり、ボールを奪ったりする必要がある。ゴールを攻撃したあとにボールを受け取った選手は、再び第2層を始めるために列に戻り、最初の選手は第1層に統合される

❸8対8＋3という状況は維持されるが、ゴールが追加され、ベースラインから相手ラインを横断して攻撃的にファーストボールでパスを出し、セカンドボールで相手ゴールを狙う選手が加わる（第2層）。8対8＋3の選手は、第1層からのボールを保持または奪回しながら、同時に第2層のチームメイトを助けたり、ボールを奪ったりする必要がある。ゴールを攻撃したあとにボールを受け取った選手は、再び第2層を始めるために列に戻り、セカンドボールをプレーした最初の選手は第1層に統合される

主要なタスクの制限を特定しないディファレンシャルラーニングの限界

すでに1960年代に、エストゥディアンテスの伝説的な指導者であるオズバルド・スベルディアのフィジカルトレーナーだったホルヘ・キステンマッハー教授は、さまざまな種類のボールを使ったサッカー選手のトレーニングにおける先駆者だった。彼は、ラグビーボールを使ったトレーニングでも知られていた真のイノベーターだ。

ディファレンシャルラーニングとヴィセラルトレーニングについての話に戻ろう。その違いは何

だろうか？　ヴィセラルトレーニングは層を重ねることによって常にタスクに特徴を与え、知覚的シナリオをより複雑にし、意思決定の可能性を増やす。このようなシナリオでは、意思決定の選択肢がより多くあり、そのためにはより迅速に行うことが不可欠になる。ディファレンシャルラーニングは、新しい解決策を見つけるための方法の発見を促進することで、創造性を高める。ヴィセラルトレーニングは、答えがオリジナルかどうかはさして重要ではなく、最も重要なことは、その答えをできるだけ短時間で見つけることだ。

シェルホルンは、ディファレンシャルラーニングの限界を定義している。

「キース・デヴィッド、リック・シャトルワース、チョウ・ジアイ（2005年）、チョウ・ジアイ（2007年）が最初に提唱した非線形的な教育アプローチとは異なり、主要なタスクの制限を操作して機能的な動作パターンや意思決定の出現を促進するディファレンシャルラーニングというアプローチは、主要なタスクの制限を特定しない」

層を重ねたり、混合したり、層をハイブリッド化したりすることによってトレーニングする場合、ヴィセラルトレーニングもタスクの制限を特定しない。その点では確かにディファレンシャルラーニングに似ているが、実際は活動的で交互にまたは連続的に重複する異なる試合状況を明確に特定している。ディファレンシャルラーニングが可能とする解決策の探求には、意識的な介入が必要であり、例えば片目を閉じたり、腕を伸ばしたりする自発的な行動が必要になる。シェルホルンの言葉を借りると、「これにより（腕を伸ばすことで）、肩、胴体の角度的な瞬間が異なり、それらの場所にある筋肉を強化する副次的な効果もある。したがって、筋肉の側面を開発するための間接的な方法でもあるが、ただそれが本当の目的ではない」。これらの動きの興味深い点は、「右腕をリラックスさせて、ボールを失ったときに左腕をリラックスさせる」または「ボールを受け取ったときに手首の角度を変え、失ったときにも変える」となると、「適応性を高めるために常に変化させなければならない」という点だ。

ディファレンシャルラーニングには幅広い探索範囲があるが、意識的な介入も必要になる。一方、ヴィセラルトレーニングは、作業記憶を解放するために出来る限り多くの意識的な介入を排除しようとする。したがって、本当に目を閉じたい場合は、選手の意思に頼る代わりに、それを隠す要素を探す。同様に、特定の位置に腕を動かしたい場合は、衣服などを使用することでその位置に誘導しようとする。活動が要求する意識的な介入が少ないほど、ヴィセラルトレーニングの意図する探究的な方法に近づくのだ。

それでも、異なる研究手順におけるトレーニングの違いに応じて、ディファレンシャルラーニングはヴィセラルトレーニングと同様の科学的研究結果を示している。

「本研究の結果は、変数トレーニング法のアプローチの中で異なるトレーニング手順によって、トレーニング後の即時的な効果が脳波活動でも明確になることを示した。段階的ディファレンシャルラーニング（DL）およびカオス的DLのあと、シータおよびアルファ活動が増加し、コンテキストインターフェアレンス（CI）の場合、前頭部においてベータおよびガンマ活動が増加した。さらに、カオス的ＤＬの場合、中心部および頭頂部のアルファ活動が段階的ＤＬよりも増加した。これらの知見は、ＤＬとＣＩにおける初期の運動学習における異なる神経プロセスを示唆する」というものだ。

制限はそれ自体が目的になってしまう危険性を孕む

実際に、ヴィセラルトレーニングはコンテキストインターフェアレンスよりもディファレンシャルラーニングに近いが、両者との類似性を持っている。私の結論は、ヴィセラルトレーニングを「探索し、発明し、直感的にプレーさせる」ことだ。これは25年間のハンドボールコーチとしてのキャリアの中で生まれた。例えば、素早く敏捷な守備動作を選手に求めたかったので、多くの状況を考案した。ＤＦが手を背中でクロスさせながら、足を動かして侵入路を塞ぐ3対3などだ。

しかし、特定の状況では彼らが腕を使うことが避けられなかった。そのように腕の使用を意図的に抑制しようとする動作の中で、すべての注意はその点に集中していた。言い換えれば、制限自体が、私が運動に対して誘発したすべてのものよりも重要になっていた。それはヴィセラルトレーニングではなかった。「手を背中の後ろに回す」という一点に意識が集中するほど、私はその点にあまり興味がなかったにもかかわらず、意識が最も高まってしまった。手を背中の後ろに回すことが、本来狙っていた運動タスクを達成するために探究していたほかのタスクよりも重要になってしまったのだ。

ヴィセラルトレーニングは、追加のトレーニングタスクに対する意識的介入を可能な限り減らすために、あらゆる手段を尽くす。意識的な介入があることが、間違っているわけではない。それは単にヴィセラルトレーニングが意図することではなく、ほかのトレーニング方法にとっては必要である可能性があり、それ自体はまったく問題ない。

最後に、ヴィセラルトレーニングの哲学の一部を共有しているといえるだろうディファレンシャルラーニングの創設者シェルホルンは次のように結論づけている。


「運動学習の非線形性により、確率的な擾乱を伴うトレーニングを加速することが合理的であると思われる。運動の単調な反復は放棄しなければならず、自己組織化を開始するために大きな変化が必要である。それによって、より効果的かつ効率的な学習プロセスを設計することができるようになる」

2

進化を助ける手段としての「失敗」

「失敗こそ、賢さの師匠だ」

——ことわざ

記者「完璧なサッカーというものは、存在するのだろうか?」

ユリアン・ナーゲルスマン「いや、そんなものは存在しない。サッカーはほとんどの場合、ゴールが失敗から生まれる。だからこそ、サポーターはスタジアムに集う。だからこそサッカーは私たちの想像力を刺激するので、完璧なサッカーは必要ない」

「プロセスを犠牲にして製品を強調している」と、スティーブン・ナフマノヴィチは説明する。

「サッカーのアーティストは素晴らしい技術的なバックグラウンドを持ち、驚くような妙技で大衆を驚かせ、喜ばせることができるが、それでも……何かが欠けている。私たちは

皆、不思議に何かが欠けているコンサートや演劇を鑑賞した経験があるはずだ」

サッカーでは、その根底にあるすべてのパターンが明らかにされつつある。これは、イギリスの発達心理学者サイモン・バロン＝コーエンが「if and then」と表現した人間の能力と関係があり、基本的にパターンの識別と関係している。サッカーはその美しさを失うことなく、少しずつ構造化されてきた。

次の例について、考えてみよう。ポジショナルプレーは、ピッチでアドバンテージを持って前進するために必要なパターンを認識し、アドバンテージが発生しやすいようにポジションと行動を体系化した（if and then）。フリーマンを探す、修正する、3人目の選手を探す、ラインを突破するなど……。選手の才能とポジショナルプレーを完璧に組み合わせたチームを相手にするのは本当に困難だ（例えば、ペップ・グアルディオラのマンチェスター・シティのように）。しかし、少しずつ彼らのパターンが発見され、新しいif and thenが登場した。これは基本的にライン間のスペースがほとんどなく、自陣に後退し、敵陣のスペースを解放し、守備構造を体系化することにつながっていく。

皮肉なことに、マルセロ・ビエルサは解毒剤となる低いブロックの出現は「グアルディオラのせいだ」と主張している。ライン間のスペースを使いたいチームに対して、ライン間を狭くする。エリアに向かって進行する動きを妨害する。バロン＝コーエンが、この能力を「体系化メカニズム」と呼ぶのは偶然ではない。体系化メカニズムは、人類の「現代の産物」ではない。それは7万年以上前に開発されはじめたと推定されており、科学、工学、技術で広く使用されている。メカニズムは進化の因果であると同時に、別の体系化を避けるために体系化されていくのだ。

サッカーの歴史を見ても、サッカーが誕生し、同時に最初のゲームシステムが考案されて以来、このパターンを繰り返してきた。したがって、自由で自発的なサッカーに戻るという理想郷はありえない。私たちが達成できる最大のことは、最初の自然で混沌とした環境をシミュレートするカオスの体系化だ。しかし、その背後には何らかのパターンと体系化が存在する。

パターン検出をベースにした体系化を備えたサッカーは、勝ったり負けたりしながら発展していった。それによって良いプレーの平均量は増えたが、ランダム性の美しさ（そして驚き）は減少した。遊びは試合の一部だが、「自由な遊び」よりも「精巧な遊び」が行われているように感じられる。自由な遊びという言葉はハイパフォーマンスを追求するプロの世界ではプロ意識に反しているように思われるかもしれないが、実際には選手は自由な遊びを必要としている。逆にプロ意識は、ストリートサッカーに潜む自己組織化感覚を取り戻す必要がある。結局のところ、それらは選手が才能を開花させる感覚であり、プロへの道の始まりだからだ。

グアルディオラはさまざまな限界を暗黙のうちに受け入れている

「サッカーには多くのセンセーションがある」とパブロ・アイマールは主張している。サッカーの原点は「精巧なプレー」ではなく、常に「自由なプレー」にある。木の根を切ると、木を枯らしてしまうように、サッカー選手の根を殺すことは避けなければならない。指導者がチームをフィニッシュゾーンに導くために可能な限りのことを頻繁に繰り返すのは偶然ではないが、そこには才能、創造性、自発性、本能が必要だ。最終的に解決するのは、選手だからだ。

ドイツ代表でも活躍するＦＷトーマス・ミュラーはかつて、グアルディオラに次のように告げられた。

「私が君をゴール前に連れて行く。そこで、君の才能を発揮してくれ」

マルコ・ファン・バステンも、グアルディオラに同意するはずだ。

「フィニッシュには、技術と本能が必要だ。攻撃ラインには全体的な調整を与えることができるが、フィニッシュゾーンでの探索作業は個別だ。守備から攻撃への構築についてはトレーニングすることが可能だが、ボールが敵のゴール前に置かれるとスペースと時間が大幅に減少し、トレーニングの可能性も減少する」

彼らは気づくだろうか？　グアルディオラ自身は、指導者の介入の限界、機械化の限界、解決策をテストする限界を暗黙のうちに受け入れている。グアルディオラは、才能の自然な表現のために、自己組織化のための余白が必要であることを知っている。彼は、指導者が選手のためにすべてを行うことはできないことを知っている。我々は彼らに魚を与えることができるが、最後は彼らに一人で魚を捕まえさせる必要があるのだ。現在、すべての指導者が「ゴール前に到達することを保証するグアルディオラ」であるとは限らない。史上最高の指導者の一人であるグアルディオラ自身でさえ、繰り返し達成するのを見たとしても、常に達成を保証できるわけではない。「連れて行くこと」がうまくいかないときは、選手が自分自身を運ぶ必要がある。選手は誰かに運ばれなくてもゴール前に行けることを知っている必要があり、何よりも感じている必要がある。指導者が「最後の数メートルで、創造性が欠けていた」と頻繁にコメントしているのは、偶然ではない。

現代の指導者は自動化に介入することに慣れてしまっており、自動化を解決する自発性を刺激する余地をほとんど残していない。彼らは成功を加速し、失敗を回避するために安全性に重きを置いた動作（幻想的な安全性）と自動化の両方をトレーニングしている。つまり、探索動作の余地をほとんど与えず、失敗のリスクに対する耐性を与えてしまうのだ。

「パブロフの犬」を知っているだろうか？　犬はベルの音と食事を関連づけられていたので、ベルが鳴ったときにすでに唾液を放出しはじめる。しかし、サッカーでは、ベルが鳴るのを待ってから食事をすることはできない。その「食べ物」はほかの音の背後に隠れている可能性があるからだ。ベルが鳴るのをただ待っている選手は、知覚的に非常に貧弱な選手だ。彼は食べ物への別の道を見つけることはできない。彼は1つの方法しか知らず、その方法に応答する。

指導者は選手に確実性を与えたいと望んでいるが、与えられた確実性は彼らを貧しくしてしまうものだ。代わりに、不確実性を自然に受け入れ、不確実性を豊かにしなければならない。不安を減らし、失敗を受け入れ、より重要な学習を可能にする。矛盾しているように見えるが、確実性が放棄されるほど、より多くのことが現れる。不確実性を人為的に構築したいと思うほど、その人工性が「試合に条件をつける」ことができなくなったとき、不安が私たちを襲う。確実な環境でトレーニングを行うことで、私たちは確実性に備えることができる。逆に不確実な環境でトレーニングを行えば、不確実性と確実性の両方を備えることができる。

「自動化されたトレーニングセッションを800回したあとに、『創造的な選手がいない』と聞くのは好きではない。すべてが自動化された環境で、15歳の少年にドリブルで2回失敗しただけで『ドリブルはやめなさい』と伝えていたら、創造的な選手は生まれない。彼らの年代では3回、5回、10回でも失敗する必要がある」

——パブロ・アイマール（元アルゼンチン代表MF、アルゼンチン代表アシスタントコーチ）

指導者は、ミスが発生することを死ぬほど恐れている。ミスによって試合に負けて、仕事を失うかもしれないからだ。しかし、本番で失敗をできるだけ出さないようにするためには、トレーニングで積極的にミスに向き合う必要がある。

◘あなたがチームの3番手であればあなたは3番手だ

ルイス・エセキエル・ウンサインは28歳のGKで、デフェンサ・イ・フスティシアに所属している。彼は百戦錬磨のベテランのように、ミスについて語っている。

「私はキャリアを通じて、ミスを犯し続ける。私は常にサッカーを見ているので、世界最高のGKであっても30代でミスを犯し続けていることを知っている。ミスを犯す前に自分を悔やんだり、挑戦をやめたりすると、おそらくキャリアを積むことができなくなってしまうだろう。だから私は、自然にそれを受け入れるようにしている。これは、ミスしてても構わないと言っているわけではない。手痛いミスはとても傷つくし、選手にとってはダメージが大きい。しかし少しずつ、ミスも試合の一部であることを理解してきた。要するに、サッカーは成功と失敗だ。私たちは正しい場合もあれば、間違っている場合もあり、それらの間違いを学習に利用する。失敗を使用して学習する場合、失敗は生産的なものになる」

アルゼンチン代表でもプレーする、DFクリスティアン・ロメロは次のように答えている。

「試合中、ミスをしない選手はいない。プレッシャーの中でプレーするのは、難しいことだ。なので、可能な限りリラックスするように努めている。１００％の自信を持ちながらプレーすることが、良い決断を助ける。すべてのミスが自分を成長させてくれており、それによって多くのことを学んだ」

心理学博士で元レアル・マドリーのバスケットボールコーチであるチェマ・ブセタは、試合におけるこの誤りについて語っている。

「あなたがチームの3番手であれば、あなたは3番手だ。2分間出場して、2本のシュートを決めたからといって、次の試合で30分間プレーするわけではない。そのような起伏があると、最終的に人々は何を期待すべきかわからなくなり、成功と失敗を必然的に関連づけてしまう。これにより、成功と失敗が非常にストレスフルなものになってしまう。バスケットボールのようにミスが許されるスポーツでは、シュートやブロック、パスが失敗することは試合の一部だ。失敗を受け入れることは非常に重要なことだ。あなたはチームから役割を与えられていることを知っている。たとえ失敗しても、それでもその役割を与えられているのだ」

バレーボールの名指導者フリオ・ベラスコは、「ミスは学習プロセスの一部であり、無力の証明ではない」とコメントしている。ドイツの哲学者フリードリヒ・ヘーゲルは「真実は誤りを伴い、偽は真実を伴う」と述べている。成功は誤りにつながることがあり、同様に、失敗は成功につながることがある。これは陰陽であり、矛盾の弁証法だ。ストレス研究の第一人者ジョン・ウェイン・メイソンはストレスを伴う側面を説明している。それは「新規性、予測不可能性、かつ制御不可能性」だ。これらは分析的、機械的なトレーニングにとって真の盲点に違いない。

簡単なことは、良いことではない。心理学の専門家エレン・ランガーは、「ウィリアム・ジェームズ（アメリカの心理学者）は、『私たちのほとんどが能力の最小部分しか使っていない』と主張していた。建設的なストレス状態、ある種の状態（例えば、大きな愛、宗教的情熱、戦いの勇気）でのみ、私たちは本当に創造的リソースの深さと豊かさ、また私たちの中に潜在する重要なエネルギーの蓄積を引き出すことができる」と述べた。

ブセタは、「ストレスのない状況で行われるトレーニングは良いトレーニングではない」と主張している。過度の容易さによって、建設的なストレスが欠落するトレーニングに注意すべきだ。自動化は、プレーの仕方を指示する。知性を探しているつもりで、記憶を見つけることになってしまう。記憶と知性は同義語ではない。これはサッカー選手においても同様だ。

ヴィセラルトレーニングはその逆を行く。困難な状況において、最大速度で応答を探索し、失敗する確率が実際の試合よりも高くなることを前提としている。ベースとなっているアイデアは、トレーニングでより多くのミスをするほど、試合でのミスを減らせることだ。もちろん、これはトレーニングが試合よりも複雑であることを前提としている。結局のところ、これらのミスは、解決策を見つけようとする不完全な試みだ。しかし、それらの試みは、答えを探している選手の独創性で充ちており、外部から設計されて要求される最高の試みよりも、より有益であり、教育的なのだ。

2022年にリーベル・プレートの監督を退任したマルセロ・ガジャルドが言うように、「相手の抵抗に文句を言うことはできない。私たちは障害を乗り越える方法を見つけなければならない」。困難があるからといって、言い訳をする必要はなく、改善の精神と改善をするための手段が必要になるということだ。

失敗の経験が次の運動命令の改善につながるのはなぜか?

スコット・アルバートとレザ・シャドメールは、「運動中に失敗を経験すると、次の試行では失敗を部分的に修正するために運動の命令を更新している」という結論を示した。失敗の経験が、次の運動命令の改善につながるのはなぜだろうか? 失敗した運動のプロセスで、本体受容路と視覚受容路は失敗を検出するだけでなく、修正反応を活性化するフィードバックの機能を活性化している。このフィードバック反応が失敗に対して、より高い反応を示した人々は、より多くのことを失敗から学んでいる。これは、失敗に対するフィードバック反応が脳にとって教育信号として機能することを示唆している。

腕が対象物に到達することに失敗したとき、失敗から運動を修正するという単純な実験でこれらの脳の適応がすべて起こっている。だとすれば、サッカーのトレーニングにおける失敗からのフィードバックは何倍も複雑だろう。選手がトレーニングでミスを避ける場合、フィードバック反応を抑制してしまうリスクは甚大だ。ヴォルフガンク・シェルホルンらによる運動学習とディファレンシャルラーニングについての研究では、失敗が作業記憶プロセスを活性化すると主張されている。そして、彼らは次のように述べている。

「リソースの配分は、作業記憶のモデル内にある認知プロセスの1つだ。リソースの配分は、運動エラーの処理に重要な役割を果たすことが示されている。ディファレンシャルラーニング後のシータ範囲での体性感覚および運動領域の活性化は、作業記憶プロセスを示しており、新しい情報のコーディングのための神経生理学的相関である」

ヴィセラルトレーニングは適応を促進し、定期的な更新を通じて内部モデルを引き起こし、感覚予測エラーを減らすことで認知パフォーマンスを高いレベルに保つことを目指す。

「予測誤差の精度が高いほど、自信の更新に対する影響が大きくなる。ストレスの間、ニューロモジュレーション（神経組織を刺激し活動に干渉する）は感覚予測エラーの精度を増幅し、以前の期待に関連した感覚情報により多くの重みを与える」

*Peters et al.（2017）

つまり、トレーニングをデザインするときには次の要素を考える必要がある。

①どの程度の予測誤差を生じさせられるだろうか?
②自信はどのくらい更新されるだろうか?
③どのくらいのストレスを与えるだろうか?
④どのくらいの感覚情報を活用しているだろうか?
⑤もともとの期待値をどのくらい調整するだろうか?

脳は改善するために「結果」よりも「プロセス」に重点を置く傾向がある

トレーニングは不安定なものだ。トレーニングの不安定化こそが、キーワードだ。では、リスクを負わずに、高い成果を得るにはどうすればよいのだろうか? ぶつかったり転んだりしないと仮定した場合、赤ちゃんはどのようにして歩行を安定させるのだろうか? 自転車に乗っている女の子は? 混沌とした環境での高いパフォーマンスは、混沌とした環境に苦労している結果であろう。

今こそ、すでに安定しているものを安定させるという行為をやめる頃合いだ。真の実現は、強化よりも経験によって起こる。失敗を回避すると、更新プロセスが低下する。イギリスの神経科学者カール・フリストンは著書『能動的推論（邦題）』において、「脳のトップダウン処理（知識や経験をもとにした情報処理）は、ボトムアップ処理（知識や経験をもとにしない情報処理）の失敗によって、内部モデルは継続的に更新される」とすでに警告していた。

試合において失敗を避けなければならないことは自明だが、これはトレーニングでも失敗を避けなければならないということではない。むしろ、完全に逆だ。試合で失敗を避けるためには、トレーニングで失敗と共存しなければならない。ヴィセラルトレーニングは系統的な失敗を引き起こし、結果的に適応的なプロセスを強制する。選手がカオスな環境でより多くトレーニングすればするほど、穏やかな環境を解釈することが簡単になり、カオスな環境が発生した場合にもより適応的な優位性を持つことが可能になる。

このように考えると、ヴィセラルトレーニングは穏やかな環境をより穏やかにする一方で、カオスな環境をよりカオスなものとして知覚することを助ける。試合において失敗することは、大変な代償を伴う。したがって、試合から失敗を取り除く場合、その適応力と克服力をどこかで獲得する必要がある。その場所こそが、トレーニングだ。

ならば、私たちは簡単なトレーニングに成功した結果に基づいて、すべてのトレーニングを計画するべきではない。失敗を経験し、その教訓から学ぶ必要があることは明らかだ。大手多国籍企業の元CEOであるアルゼンチン人レオ・ピッチョーリの一節を借り、企業の意思決定者と指導者の類似性について考えてみよう。

「企業とその社員たちは、もちろんリスクを減らさなければならない。彼らはどんな決定に対しても、リスクを恐れる。そのため、彼らは失敗やリスクから遠ざかっていく。しかし、何かがうまくいかないリスクを減らすことは、同時に何かがうまくいく可能性も減らすことになる」

ハンガリー系アメリカ人の数学者ジョン・フォン・ノイマンは、「生物は混乱、ノイズ、失敗の中でも機能している。これらは必ずしもエントロピーの増加を引き起こすわけではなく、退化させるのでもなく、再生産の機能を果たすこともある」と述べている。

ユルゲン・クロップのリヴァプールは、何度か重要な決勝戦で敗北していた。例えば、2015—16シーズンのヨーロッパリーグ決勝でセビージャに1対3で敗れたあと、クロップは「私たちは、前進を続ける。また、別の決勝戦に挑むだろう。私はその瞬間のために全力で準備をするつもりだ。もしそこで負けるかもしれないと知っていても、努力を続ける」と述べた。成功が連続するとは限らないという残酷な事実を、クロップは理解していた。

イ・ジェファは「視覚運動適応では、パフォーマンスエラーではなく、感覚予測エラーが、時間的に遅く安定した運動記憶の要素を更新する」と主張している。つまり、脳は改善するために、「結果」よりも「プロセス」に重点を置く傾向があり、これはヴィセラルトレーニングを実施するために非常に役立つはずだ。ヴィセラルトレーニングの焦点は、認知的な発展を無意識の思考とリンクさせることだ。この思考のカテゴリーを最初に探求したのは、ジークムント・フロイトだった。

フロイトは、「何もかもが、簡単ではなかった」という発言を残している。「批判してきた人たちに感謝している」と言ったアルベルト・アインシュタインも、彼に同意するだろう。フロイトやアインシュタインの成功の秘密は、自分が進むべき道に現れた障害を克服することにあった。フロイトのように、ヴィセラルトレーニングに慣れた人は、トレーニングでは何事も簡単には得られないと考えることができ、しかし時間が経つにつれて、試合ではすべてが簡単に感じられることができる。さらに、育った環境が逆境であればあるほど、大人になったときに挑戦を好む。これはリーベル・プレートのスカウティングが、低所得者層の住む地域を中心に行われていたというエピソードとも関連している。

■才能ある選手にとって障害の克服が最も重要なこと

「成功するために直面する必要があるのは、逆境である」

——ジグ・ジグラー（アメリカの自己啓発作家）

「逆境」という感覚は、比喩的な例を通じてより簡単に理解されるはずだ。2020年のブラジル・サンパウロ州選手権の決勝戦前、パウメイラスの監督バンデルレイ・ルシェンブルゴは、「パトリキ・ジ・パウラは毎日銃声が飛び交うファベーラ（貧民街）出身だ。あの子が決勝戦で怖がると思うか？」と言った。トーマス・トゥヘルはかつて、「才能のある人は問題を解決するのが上手だ。もし今再び若い指導者になることができたら、才能ある選手たちの人生をできるだけ困難にするように教えるだろう。なぜなら、障害を克服することが才能ある選手たちにとって最も重要なことだからだ」と言った。ディエゴ・シメオネは、「危機の中で成長する可能性を決して軽視してはならない。困難こそが最高の学校だ。何かがうまくいかなくなったときほど、学ぶことが多い」と断言した。

指導者だけでなく心理学者、発明家、哲学者も同じ考えを持っている。古代ローマ時代の哲学者ルキウス・アンナエウス・セネカは、「逆境を経験しないことは、不運だ。なぜなら、自分のリソースを発見できなくなり、自分に何ができるか、そして本当に自分が誰なのかを知ることができなくなるからだ」と述べた。

セサル・ルイス・メノッティは、賢明に表現した。

「トレーニングの目標は、チームが精度を維持できる速度を上げることだ」

両方を同時にレベルアップすることは、困難だ。元ドミニカ共和国監督のジャック・パッシーが言うように、「速いチームほど正確さに欠ける。非常に速いチームのＤＮＡ（チーム本来の伝統）がそうであるように、守備と攻撃の両面で、試合のあらゆる局面で多くの失敗を犯すことを前提としなければならない。正確なプレーだけが必要な場合、非常に速いＤＮＡは適していない。非常に速いチームのDNAには、失敗から素早く回復することが重要になる」。

正確さの道を進むか、速度の道を進むかという2つの道がある。従来のトレーニングは正確さ、徐々に、段階的、論理的、安定的、連続的な成功を目指している。これは、長年にわたって、スポーツトレーニング界を支配してきた論理だ。ヴィセラルトレーニングの道は、その連続性の論理とは反対の方向に進む。ランダムで不安定で、速度に応じて速くなるが、その間にミスが入ることも許容するのだ。速度―精度の調整に、サッカーのジレンマがある。古典的なアプローチは、精度を低下させずに速度を上げることを主張している。ヴィセラルトレーニングでは、精度を速度に合わせる必要があると考えている。

また、速度と精度の調整は、意識的に行われるわけではない。ここでも、無意識の追求が効果を発揮する。ハイコ・ロイスは次のように述べている。

「速度―精度設定に対する認知的制御は、意識的な表象に基づくものに限定されず、意識的に表象されていない刺激によっても引き起こされる可能性がある」

脳の可塑性を活用することで思いもよらない世界が発見される

2010年に、元イングランド代表のMFクリス・ワドルは「アーセナルのWGセオ・ウォルコットには『サッカー脳』が欠けている」と発言していた。彼は、イングランドのサッカー選手たちの「脳の欠如」について懸念していたのだ。その当時、ミシェル・ブリュイニンクスはベルギーの育成世代で脳機能の改善を手助けしており、ベルギー代表のFWドリース・メルテンスは「彼は私に、重要な頭の中の1メートルを与えてくれた」とコメントしている。ヴィセラルトレーニングは、サッカー選手の脳の可塑性を徹底的に利用する。

「**選手たちが慣れていない新しい活動を導入する必要がある。繰り返し過ぎると、脳は答えを知っていると思い込む。脳に常に挑戦し、その可塑性を活用することで、思いもよらない世界が発見される。脳が挑戦を受け入れると、新しいつながりが生まれ、驚くべき結果が得られる**」

――ミシェル・ブリュイニンクス（ベルギーのサッカーコーチ）

「ヘドニック適応（以前は興奮をもたらした体験が、もはや興奮をもたらさなくなる）」として知られる現象は、ある時点でサッカー選手に起こる可能性がある。しかし、それは自然なことだ。この現象に対して、指導者とスタッフはトレーニングセッションの設計に高い創造性を持って挑まなければならない。

新しい神経回路を形成することは、高い代償を払うような作業となる。しかし、効率の悪い神経回路を利用することは安い代償かもしれないが、結果的に高い代償を払うことになる。なぜなら、試合で必要な速度にはならないためだ。2つの神経細胞間のシナプス接続の反復使用は、学習と記憶に関連する長期的な増強を引き起こすと言われている。

柔軟な学習と柔軟な記憶を目的としたヴィセラルトレーニングにおいて、電気活動という1つの生理学的現象が解剖学的変化をもたらすはずだ。2つの神経細胞の小さな接触点を大きく、より効率的にすることが理想となる。

Oshoは、失敗について次のように述べている。

「確信する方法はない。間違っている可能性があるが、それを知る方法は道を最後まで辿ることしかない。しかし、正しく考える必要がある。その思考自体が、私たちを成長させる。道を進むときに、目的地がどこであるかは関係ない。最も重要なことは、停滞せずに前進していることだ。この道が行き止まりでどこにもつながらず、戻らなければならなくなっても、心配することはない。行ったこと自体が私たちに多くの経験を与えてくれる。私たちは間違った方法を知っている。今では以前よりも、間違いが何であるかをよく知っているはずだ」

3

牡蠣なのか？　それとも真珠なのか？

「間違いを恐れないでほしい。間違いは、存在しない」

——マイルス・デイヴィス（アメリカのジャズトランペット奏者）

ボルシア・ドルトムントなどでプレーした元セルビア代表のＤＦネヴェン・スボティッチは新しい指導者と最初に出会ったとき、懐疑的だった。「これがどのようにサッカーと関連しているのか？」と彼は困惑していたのだ。トーマス・トゥヘルの手法は、選手に彼が「新しい思考パターン」と呼んでいるものを与えるものだった。

ミスを避けるために何度も何度も繰り返しトレーニングすることを重要視する人々に対して、トゥヘルはディファレンシャルラーニングと失敗にすべてを託す。彼は失敗を愛しており、選手たちに何度もミスをさせることを好む。それによって選手たちはピッチにおける意思決定のスキルを学んでいくのだ。マインツのドレッシングルームにトゥヘルは、マイケル・ジョーダンの有名なフレーズを掲示していた。

「私はこれまでに、9000本以上のシュートを外してきた。私はこれまでに、約300試合敗北してきた。26回、私は決めれば勝利となるシュートを任され、それを外してきた。人生で何度も何度も失敗してきたから、私は成功した」

指導者はサッカー選手を牡蠣にも真珠にも変えることができる

ギジェルモ・バルベルデらがトゥヘルのメソッドを解説した2015年の記事において、スティーブン・ナフマノヴィチのコメントが引用されている。

「真珠は、どのようにつくられるのだろうか？　少しの砂岩が誤って牡蠣の貝殻の間に到達すると、牡蠣はそれを包み込み、滑らかな粘液を分泌する。これは、美しく、完全に滑らかで、丸く、光り輝くようになるまで、異物の刺激をきっかけに微細な層を重ねていくのだ。異物の刺激の上、微視的な層の上に層を強化していく。このようにして、牡蠣は砂岩とそれ自体を新しいものに変え、失敗や異物の侵入をその機能の一部になるまで変換し、牡蠣としての自然に応じたゲシュタルト（豊かな全体性）を完成させる。真珠は、牡蠣が長時間イライラさせられる刺激とともに生きることを余儀なくされているために生まれるのだ」

誰が牡蠣だろう？　サッカー選手だ。

誰が真珠だろう？　サッカー選手だ。

誰が砂岩だろう？　ヴィセラルトレーニングだ。

牡蠣を真珠にするのは誰だろう？　指導者とコーチングスタッフだ。

矛盾しているようだが、指導者はサッカー選手を牡蠣に変えることもできるし、真珠に変えることもできる。

世界中のさまざまな専門家が、失敗の重要性を信じている。行動神経科学者のゲルシ・トーレス＝オビエドは「失敗の増加は、運動学習において重要な役割を果たす」と主張している。

4 サッカーと人生における失敗の価値

「人々は自らの失敗から、学ぶことができる」

――カール・グスタフ・ユング（スイスの心理学者）

記者「成功する人とは、どのような人なのか？」

トニ・ナダル「成功する人は、他人よりも多くの機会を経験する人だ。現代の若者たちが抱える問題こそ、苛立ちだ。イライラすると、数回で諦めてしまう。それこそが、成功を遠ざける。しかし、何が苛立ちの原因なのだろうか？　それは自分の過大評価だ。自分の実力があると思っているので、失敗したときにイライラするのだ。人は実際よりも、自分の力を過大評価してしまいがちだ。私はいつも、シンプルな原則からスタートする。トレーニング中に選手が失敗したとき、私はその原因を尋ねる。そうすると彼は考えようとするが、私はそんなに考える必要がないと告げる。失敗したのは、実力が不足しているからだ。これから成長しなければいけないが、今の段階では実力が足りていない。まずはそれを受け入れ、成長していこう。彼が自分を過大評価していたら、ミスの原因を受け入れることができない。そして成長するには、ミスこそが必要なのだ」

大企業も従業員の失敗を推奨している

大企業は、イノベーションを求めている。彼らは従業員の失敗を罰することなく、むしろ奨励しているのだ。なぜなら、失敗から生まれた大きな成功を経験しているからだろう。3M社は、技術者に強力な接着剤を作るように指示していた。しかし、そこで誕生した試作品は接着力の弱い製品だった。この製品は無視される運命にあったのだが、この技術者は、同僚の1人が教会の合唱団でその日に歌うページがわかるようにこの弱い接着剤を使用しているのを知った。これが、ポスト・イット（付箋）の誕生だった。

頭痛シロップを作る処方の権利を買った製薬会社のビジネスマンも同じだ。1888年、エイサ・グリッグス・キャンドラーは、ジョン・ペンバートンが頭痛と戦う強壮剤を作るために発明した飲み物の権利を2300ドルで購入した。頭痛薬としての開発は失敗したが、その製品は世界史上最も成功した大量消費製品の1つになった。こうして生まれたのが、コカ・コーラだ。

多くの企業は「失敗がなければ、成功はない」という社訓を掲げている。それはヴィセラルトレーニングでも同じで、失敗をしなければ、高速の認知、意思決定において成長することはない。

5 失敗・因果推論・フィードバック

「私のチームは、いつもリスクを冒す。失敗するリスクを冒すからこそ、成功を満喫するのだ」

——マルセロ・ビエルサ（ウルグアイ代表監督）

サッカー選手は、結果の失敗をプロセスの失敗と関連させてはならないことを知る必要がある。言い換えれば、ヴィセラルトレーニングで難しいコースを狙って失敗したパスは、実際の試合でそのパスが役立たないということを意味しない。それどころか、トレーニングで失敗したパスは、試合で成功するための支援者になる。

2020年12月、マンチェスター・ユナイテッドのMFブルーノ・フェルナンデスはパス成功率の上位ではなかったが、ゴールに直結するパスの本数では1位だった。これは、ブルーノ・フェルナンデスが失敗とより自然に共存しており、相手にとって「致命的となるパス」を探していく忍耐力を持っていることを証明している。失敗のリスクに直面することで、ブルーノ・フェルナンデスは試合の勝利に直結するパスを狙う。そして、セーフティーパスを好む選手がパス成功率では上位を占めている。彼らはボールを失うことは少ないが、味方にとって完璧なタイミングでボールを供給することも少ない。

これはすべて、非常によくある特定の偏見からきている。我々は因果推論として知られているものに従って、「良い」または「悪い」という簡単なラベルを貼っていく。私がしたことの結果は、それが良いか悪いかを教えてくれるというものだ。指導者はこのリスクを認識し（誤った因果推論を行わないように）、選手にも警告する必要がある（同じ罠に陥らないように）。指導者によって与えられるフィードバックは、ヴィセラルトレーニングの場合、可能性のある利益（メリット）の継続的な調査、または可能性のある損失（リスク）の今後の回避につながる要点となる。

フィードバックは、トレーニング自体と同じくらい重要だ。選手は次の条件を満たしている必要がある。

①因果推論の危険性について、警告されている（これは科学的でなく、より単純な口語的な表現で選手に説明される必要がある）

②失敗に対する肯定的なフィードバック

トレーニングで失敗すると低コストで済む

サッカーにおける失敗の実験は、科学者やイノベーターを驚くべく成果に導く失敗の実験と同じくらい重要だ。アメリカの心理学者ロベルト・スターンバーグが引用したダニエル・キムの言葉は、その失敗の価値を示すものだ。

「創造的な仕事は、実際には不完全さや理解のギャップを明らかにする失敗の出現に悩まされていることを指摘している。失敗は、人々が問題を発見する木を剪定するのに役立っている」

ヴィセラルトレーニングは、これらの不完全さや理解のギャップを露呈することを恐れない。もちろん、指導者もサッカー選手も恐れるべきではない。ヴィセラルトレーニングに適用できるキムの最も興味深い点は、失敗加速の原則だ。失敗のコストが低い場合は、迅速かつ頻繁に失敗しなければならない。これが、一つのカギになる。トレーニングで失敗すると、低コストで済む。実際の試合で失敗すると、高いコストを支払うことになるからだ。

私たちが選手なら、どこで失敗するべきだろうか？　それは、トレーニング中だ。

私たちが指導者なら、どこで失敗を許すべきだろうか？　それは、トレーニング中だ。

トレーニング中でないとしたら、どこで失敗するだろうか？　それは、重要な試合だ。結局のところ、ヴィセラルトレーニングは、保護されたトレーニングなのだ。スターンバーグは、キムの考えを次のように締めくくった。

「人はこの原則に従って失敗を繰り返し、失敗から学ぶ必要がある」

正しいことを教えることは、完璧な方法ではない。それはミスや失敗をすることで、経験していくプロセスを排除してしまう。キング・キャンプ・ジレットは使い捨ての剃刀を発明するのに失敗を繰り返したが、「技術的、専門的なトレーニングを受けていたら、諦めていたかもしれない」とコメントしている。

6

なぜ失敗を避けるのだろうか？

「もし間違えることを嫌がれば、サッカーをプレーすることは不可能だ。指導者は失敗にポジティブな意味を与え、その価値を理解させなければならない。間違っているからといって、何かをやめるべきではないのだ」

――エドゥアルド・ドミンゲス（インデペンディエンテ監督）

円滑化と失敗回避のすべての歴史には、説明するための相関関係が必要だ。このテーマについては多くのことを考え、研究してきたが、相関関係は正しい自信と間違った自信が持つ暗黙の関連性によるものであるという結論に達した。

ベンジャミン・ヒルゲンストックらは、次のような結論に至っている。

「現在の研究結果は、自信は意思決定のあとにのみ生じることを示唆している。ただし、決断してから出現する自信の時間的および神経的行為、メタ認知的判断については完全に

は研究されていない。私たちの研究結果は、決定後の自信における反応時間は自信のレベルに依存することを明らかにした。これは、知覚的選択における決定後の自信は、知覚的意思決定と並行して処理されないことを示唆している。知覚的意思決定とは対照的に、意思決定後の自信は、脳領域の前頭前野ネットワーク、主にメタ認知に関連している領域である前頭前野と背外側前頭前野に厳密に割り当てられているようだ。さらに、意思決定と意思決定後の自信の根底にあるプロセスは、背外側前頭前野からの活動を共有している可能性があるが、前頭前野は知覚的選択と意思決定後の自信の処理に関して異なる役割を果たしている可能性がある。したがって本研究は、意思決定後の自信と意思決定の根底にあるプロセスを、行動、神経解剖学的、および神経機能レベルで解明する最初の磁気共鳴研究となった」

これは何を示唆しているのだろう? 非常に直感的なことだ。指導者は、自信を得るためにトレーニングの状況を調整しなければならない。結果に関連して自信が構築される(または破壊される)と、即時的にリンクするはずだ。選手は、トレーニングで楽しい時間を過ごし、トレーニングのとも楽しい時間を過ごすため、必要な自信を育むために、その「ボール」を必要としている。

◘感情から切り離された認知トレーニングは不完全である

トレーニングに複雑性が欠けていて失敗が起きにくい場合、トレーニングで築き上げた自信が、試合で失った自信になってしまうことも起こる。

エドガール・モランによれば、「複雑性を認識することは、不確実で危険な状況における創造的な即興を助ける刺激になる」。

私は個人的に、反対の道こそがより良い解決策を提供できると信じてやまない。だからこそ、サッカー選手は自信を一時的に解放する必要があるのだ。ヴィセラルトレーニングでは即時的な利益を求めておらず、あくまでも将来的な利益を求めている。つまり、トレーニングに複雑性があって失敗が起きやすい場合、トレーニングで構築できなかった自信が、試合で獲得した自信となる可能性がある。

指導者がトレーニングに介入する場合、選手との正確なコミュニケーションが必要となる。知覚や意思決定などの認知的な向上に加えて、感情などの意欲的な向上も非常に強力な部分だからだ。ストレスに対する耐性を持ったチームを倒すことは、簡単なことではない。しかし一方で、将来的な利益のために選手にストレスを許容させることも、同じように簡単なことではない。

感情が認知を条件づけていることが知られているように、そして、感情と認知を切り離すことは不可能であると誰もが知っているように、感情から切り離された認知トレーニングは、不完全なトレーニングだ。したがって、認知トレーニングは、選手の認知を改善したい場合、選手の正しい感情と関連づける必要がある。

スペインの心理学者で、作家として児童向けの絵本を出しているベゴーニャ・イバローラは、次のように表現している。

「認知と感情は、コインの表裏に似ている。それは切り離せるものではない」

7 生存トレーニングとしてのヴィセラルトレーニング

「人間には、命の危機でこそ発揮される驚くべき余力がある」

——イサベル・アジェンデ（チリの小説家）

「穏やかな海は、優れた船乗りを育てない」

——ことわざ

ここで、私が信奉している「進化学的な思想」と「選択圧」の視点からも考えていこう。デヴィッド・バーンズらは、「ジェームズ・ナイアン、サラ・トンプソン、およびホセファ・パンデイラーダ（2007年）は、私たちの記憶機能は、生存に関連する情報に優位性を与えるように進化した可能性があることを示唆している」と言及した。また、バーンズら（2011年）の研究は、生存優位性に関与する即時的なメカニズムの2つのプロセスを説明した。ほとんどの制御タスクは1種類の処理のみを促進するが、生存に直結するタスクは関連的でアイテム固有の処理を促進するのだ。

ステファニー・カザナスとジャネット・アルタリバは次のように述べている。

「生存に直結する処理は、よく知られている記憶戦略よりも優れた想起と記憶認識を促進することが証明されている」

また、ナイアンとパンデイラーダは次のように補足した。

「生存に直結するプロセスの効果は、生物が生存的な課題に対処するのを助けるために自然に設計された一般的な生存最適化機能の文脈で見られることが多い。生存可能性を最適化するために重要な要素は、将来の脅威を防止、または回避するのに役立つ活動をシミュレートする能力だ」

プレッシャーの中で創造し実際の困難に直面して創造する

サッカーと生死を関連させると、多くの読者は憤慨する可能性があるかもしれない。しかし、例えば指導者のことを考えてみよう。彼らは連敗すれば、解任される可能性がある。彼らは仕事を失い、家族を養えなくなるかもしれない。最終的には、やはり生き残らなければならないのだ。生存に関連する記憶は、適応生存状況でのみ獲得される。推移的な性質を考慮すれば、サッカーでの生存競争に関連する記憶は、その特定の環境において蓄積される。ヴィセラルトレーニングでは、生存が必要な状況を用意することで選手に多くのミスを経験させる。マルセロ・ビエルサは、ミスについて次のように説明している。

「選手に『ミスをするな』ということは簡単だ。しかし、選手が間違いを犯して代償を払った場合、学習の効果は最大化される。私はいつも、選手に『ミスをするな』と言えば、選手はミスを犯さないだろうという幻想を抱いている。しかし、選手がミスを経験し、二度と繰り返さないように解決策を考えている姿を見ると、実際に間違いを犯すことが口頭での指示よりも効果があることがわかる。そういう意味では、間違いを正すことを学べば、前のシーズンよりも間違いが減っていく。これこそが『経験』なのだ」

これは人生そのもののようなもので、知恵は生き、そして経験してきたことを反省することによって学ばれる。もちろん、まずは生きなければならない。私たちは人生で多くのことを教えられてきただろうし、書物からも多くを学んできたはずだ。しかし、私たちが失敗を自分自身で経験し、自分の肉体で失敗に苦しむまで、内面化された深い学習にはならない。

そして、失敗について最も面白いことは、私たちがその自明の理を無視し続けていることだろう。私たちはいまだに選手に経験をさせる前に、選手を教えたいと思っている。しかし、経験よりも書物で学んだことを優先することは間違いだ。ヴィセラルトレーニングに関するこれまでの提案が、私たち自身のコーチングの経験よりも優先されるべきではない。指導者はすでに多くのトレーニング環境を経験しており、アイデアを統合して学習環境を再定義するために、失敗について熟考するのに十分な状態にあるのなら、なおさらであろう。

ディエゴ・マルティネスは、次のようにコメントしている。

「最も複雑なことの1つは、他人が苦しんだ経験に基づき、間違いを犯さないように人々にそれを教えることだ」

プレッシャーがないことは、創造性にとって重要な要素だろうか？　創造に不可欠な要素としての自由については、多くの研究がなされてきた。原則としては、それを適用するべきだろう。ただし、より良い方法がある。プレッシャーの中で創造し、実際の困難に直面して創造し、問題を解決するために創造する選手を育てることだ。言い換えれば、プレッシャーのない環境でしか創造できない場合、私たちは創造的だ。しかし、それは創造性が脅威にさらされた瞬間に生き残ることを保証するほどの創造性ではない。

ラルフ・ラングニックは、プレッシャーについて「サッカー選手は、プレッシャーを受けている状況での判断によって評価されなければならない。彼らがスペースと時間を失っているときこそ、その選手の能力が明らかになる」と述べている。ラグビーの強豪オールブラックス（ニュージーランド代表）で心理学者として活躍したギルバート・イーノク（2023年にチェルシーが彼を雇用している）は、プレッシャーを愛する一人だ。彼は「プレッシャーは特権だ。私たちがそれを感じているということは、自分の限界に近づいているということなのだ」とコメントしている。

クリエイティビティとイノベーションのスペシャリストとして（そして特に指導者として）、私は最も息苦しくて差し迫った状況で創造できる選手を求めている。彼らは自分が指導者として生存することを助ける選手であり、チームにとっても欠かせない存在になる。

8 結論

ヴィセラルトレーニングの指針となるアイデアを理解するための概念的なフレームワークは、すでに提起した。2冊目の［応用編］では、その他の指針となるアイデア、特にヴィセラルトレーニングの実践的な実装が待っている。

もちろん、これらの実用的なトレーニングには、この［導入編］で紹介した理論が必要になるだろう。ヴィセラルトレーニングの実際的な設計は、最初は本能的、直感的である可能性があるが、神経科学の研究をベースにしている。それによって、無意識と本能は非線形で可変的な要素と融合していくことになるだろう。

監修者あとがき

2021年に現役を引退した元日本代表の阿部勇樹氏が数回、私の所属先である東京工業大学附属科学技術高校サッカー部に顔を出してくれた。私たちのトレーニングを見学したいということでの来訪だったが、そのうちの1回は実際に高校生と一緒にトレーニングをしてもらった。阿部氏の目的は本校サッカー部が2年前から取り組んでいる、体の左右が2色に分かれたドイツ製のスキルシャツ（2色ビブス）を着用しながら、さまざまなメニューをこなし脳を刺激し続けるトレーニングを体験したいとのことだった。

阿部氏はみなさんご存知のように、イビチャ・オシム氏に若い頃から所属クラブだけではなく、日本代表でも指導を受けられたまさしく「オシムの申し子」と認められている。私としては逆に阿部氏からトレーニングについての感想、オシム氏のトレーニング、イングランドでの経験などを聞かせてもらういい機会となった。実際に阿部氏がトレーニングに参加し、驚いたと同時に納得したことは、まず選手たちとすぐに打ち解け、判断スピードとプレー実行スピードが要求される複雑なトレーニングを楽しそうにこなし、なおかつトレーニング中にこちらに対し、トレーニング条件の変更、追加のアイデアをプレーしながら提案してきたことだった。

なるほど、阿部氏の提案を受け入れると、トレーニングの複雑性、難易度がいっそう高くなり、高校生のプレーもより生き生きとしてきた。なぜこういうことが瞬時にできるのか、適応できるのか――。阿部氏はやはりオシム氏のトレーニングの複雑さ、難解さ、楽しさを経験していることが大きいと話していた。あと1つ、ジュニアユース時代に当時のトップ選手、元ドイツ代表選手などがミニゲームなどに参加して、本気で勝負してくれたことが非常に刺激になったと言っていた。

やはり、指導者を含め、環境から受ける影響の大きさが大事だと確信した。

『フットボールヴィセラルトレーニング』の［導入編］を読まれたみなさん、いかがだっただろうか。まえがきでも述べたとおり、難解で耳慣れない言葉に苦心されただろうか。何回もその意味を調べ、納得し読み直してみると、また新たな発見があるはずだ。間もなく［応用編］も刊行されるが、より具体的にまたトレーニングメニュー例もQRコードを利用しながら書かれているので楽しみにしていてほしい。

本書を監修するにあたり、原書の著者ヘルマン・カスターニョス氏、訳者の結城康平氏、カンゼンの石沢鉄平氏、ヴィセラルトレーニングを実践してくれている東工大附高校サッカー部の大森裕也監督、コーチの西澤吉郎氏、倉田昌弘氏、川添孝一氏、GKコーチの澤村公康氏、選手諸君、推薦文をいただいた阿部勇樹氏、最後にいつもご指導くださる恩師、学校法人国士舘理事長の大澤英雄先生に感謝いたします。ありがとうございます。

2023年4月　進藤正幸

訳者あとがき

自己組織化のプロセスを説明するためにシロアリの研究を引用しつつ、即興音楽を専門とするスティーブン・ナフマノヴィチのコメントで自己の主張を補強する。これまでに読んだサッカー本でも、抜群に「奇妙で刺激的」な本だった。

自らが述べているように彼は研究者ではないが、その学術的な知識量には脱帽だ。同じ本が書ける人がほかにいるかというと、おそらく難しいのではないだろうか。それだけ、この本には筆者自身の個性と知識が凝縮されている。また、多くのサッカー選手や指導者たちのコメントが彼の主張を補強している。シャビ・アロンソやユリアン・ナーゲルスマン、ディエゴ・マルティネスのような若き指導者たちの発言と、フアン・マヌエル・リージョやマルセロ・ビエルサのような「知の巨人」のコメントを組み合わせながら、この本はサッカーという極めて複雑なスポーツを解読していく。

日本でもアカデミックなアプローチが重要視されつつあり、エコロジカルアプローチやディファレンシャルラーニングといった理論も注目を集めている。それらは残念ながら数年遅れでヨーロッパの理論を紹介している状況だが、この本における「ヴィセラルトレーニング」はそうではない。脳科学をベースに筆者が提唱している斬新なトレーニング手法は、まだその効果を認められているわけではない。ここで悩ましいのが、育成において「トレーニングの効果」を測定するのが簡単ではないことだろう。当然、選手の育成には長い時間が必要になる。だからこそ新しいトレーニングを導入しても、一朝一夕には効果が出ないはずだ。だからこそヴィセラルトレーニングが評価されるとしても、その日は少し先になるのではないだろうか。無意識に働きかけるアプローチは斬新だが、そのアプローチを選ぶには指導者自身も知識を蓄えなければならない。その実践は簡単ではないが、2冊目の［応用編］ではその方法も示されている。多くの本が理論の紹介で終わってしまうことを考えれば、その実践に挑もうという筆者のアプローチは高く評価されるべきだろう。

筆者の母国であるアルゼンチン代表が優勝し、その技術と判断のスピードが屈強なフランス代表を破ったのも偶然ではない。もともとブラジルやアルゼンチンは多くの才能を輸出する育成大国だったが、驚くべきは現代サッカーに適応する選手の多さだろう。ヨーロッパのアカデミーは資金力を武器に、おそらくブラジルやアルゼンチンよりも「優れた施設」を有しているはずだ。しかし、環境の差を容赦なく南米のチームが覆していることにも言及すべきだ。

例えばGKのポジションは、象徴的だ。リヴァプールのアリソンとマンチェスター・シティのエデルソンは、ヨーロッパトップクラスのGKとしてプレミアリーグを席巻している。彼らはセービング能力とキック精度を兼ね備えており、もはや単純に正確にパスを供給できるというレベルではない。アリソンもエデルソンも、ギリギリまで難しいコースを待てるだけの判断能力とテクニックを兼ね備えている。ヨーロッパにも優秀なGKは少なくないが、それでもこの2人は別格だ。

それ以外のポジションにもトップレベルの選手たちが揃っており、カタール・ワールドカップではアルゼンチン代表の中盤が世界を驚かせた。アレクシス・マクアリステルとエンツォ・フェルナンデス、ロドリゴ・デ・パウルの3センターは、ヨーロッパの強豪チームにとっても驚くべきものだったはずだ。テクニックと献身性を兼ね備えた選手たちは、情熱的でありながら冷静だった。現代的な選手たちを輩出する南米の育成組織は、ヨーロッパと比べると知られていない部分も多そうだ。ヴィセラルトレーニングは、彼らの育成改革をさらに加速させるトレーニング方法になるかもしれない。

アルゼンチンは若手指導者を積極的に起用していることもあり、リオネル・スカローニ監督は若冠44歳だ。A代表のコーチにはパブロ・アイマールやロベルト・アジャラ、ワルテル・サムエルなど、往年の名選手が揃っている。U―20の監督はハビエル・マスチェラーノで、ヨーロッパのトップレベルを知る選手たちがアルゼンチンの伝統を再解釈しつつある。バイエルン・ミュンヘンのユースで指導経験を積んだマルティン・デミチェリスは、リーベル・プレートの指揮官として新しい挑戦をスタートしている。ブラジルではフルミネンセのフェルナンド・ジニスが「リレーショナルプレー」と呼ばれる新たなパラダイムを探求しており、注目を浴びている。創造性の重要性を捨てない彼らこそが、論理に支配されつつある指導者の世界も覆すのかもしれない。科学と本能が融合するところにこそ、新しい扉があるのだ。

２０２３年４月　結城康平

著者

ヘルマン・カスターニョス（Germán Castaños）

アルゼンチン・ネコチェア在住。体育学の教授であり、サッカーのフィジカルコーチやハンドボールのコーチを務め、世界各国で行われているプレゼンテーションイベント「TEDx」でも講演者を務めた。コンサルタント、スポーツジャーナリスト、ライター、コンテンツクリエイターなど、幅広い領域で活躍している。認知トレーニングやモチベーション管理などを含めた、選手のパフォーマンスを最大化する方法を実践的に導入するパイオニアとして知られ、神経科学を実用的に用い、認知、意思決定、無意識下でのプレーを最適化する革新的なトレーニング方法である「ヴィセラルトレーニング」の作成者でもある。

監修者

進藤正幸（しんどう・まさゆき）

1958年11月24日生まれ、東京都出身。私立城北高校、国士舘大学体育学部卒業。私立高輪高校保健体育科講師・サッカー部監督、国士舘大学サッカー部コーチを経て、東京工業大学附属科学技術高校体育教諭・サッカー部監督。94年国民体育大会少年の部東京都代表コーチ、95年国民体育大会少年の部東京都代表監督、96年国民体育大会成年2部・97年国民体育大会成年の部東京都代表コーチ。訳書に『サッカー・サクセスフルコーチング―指導者として成功するために』（大修館書店）。現在は東京工業大学附属科学技術高校サッカー部の部長。

訳者

結城康平（ゆうき・こうへい）

1990年生まれ、宮崎県出身。スコットランドへの留学を経て、フットボールライターとしての活動を開始。海外の文献、論文を読み解くスキルを活かし、ヨーロッパの概念を日本に紹介。通訳・翻訳・編集・インタビュアーとしても活躍の幅を広げている。著書に『欧州サッカーの新解釈。ポジショナルプレーのすべて』（ソル・メディア）、『“総力戦”時代の覇者　リバプールのすべて』（同）、『TACTICAL FRONTIER　進化型サッカー評論』（同）、『フットボール新世代名将図鑑』（小社）、『サッカー戦術の最前線　試合を観るのが10倍楽しくなる』（SBクリエイティブ）。訳書に『エクストリームフットボール　欧州の勢力図を塗り替える巨大ドリンクメーカーの破壊的戦略』（小社）。

ブックデザイン＆DTP　三谷 明里（ウラニワデザイン）
編集協力　尾倉 侑也（Footballcoach）
編集　石沢 鉄平（株式会社カンゼン）
協力　株式会社スポーツコンサルティングジャパン

フットボールヴィセラルトレーニング
無意識下でのプレーを覚醒させる先鋭理論［導入編］

発行日　2023年6月8日　初版
2023年8月4日　第2刷　発行
著　者　ヘルマン・カスターニョス
監修者　進藤 正幸
訳　者　結城 康平
発行人　坪井 義哉
発行所　株式会社カンゼン
〒101-0021
東京都千代田区外神田2-7-1 開花ビル
TEL 03（5295）7723
FAX 03（5295）7725
https：//www.kanzen.jp/
郵便為替 00150-7-130339
印刷・製本　株式会社シナノ

ISBN 978-4-86255-683-7　Printed in Japan
定価はカバーに表示してあります。

ご意見、ご感想に関しましては、kanso@kanzen.jp までEメールにてお寄せください。お待ちしております。